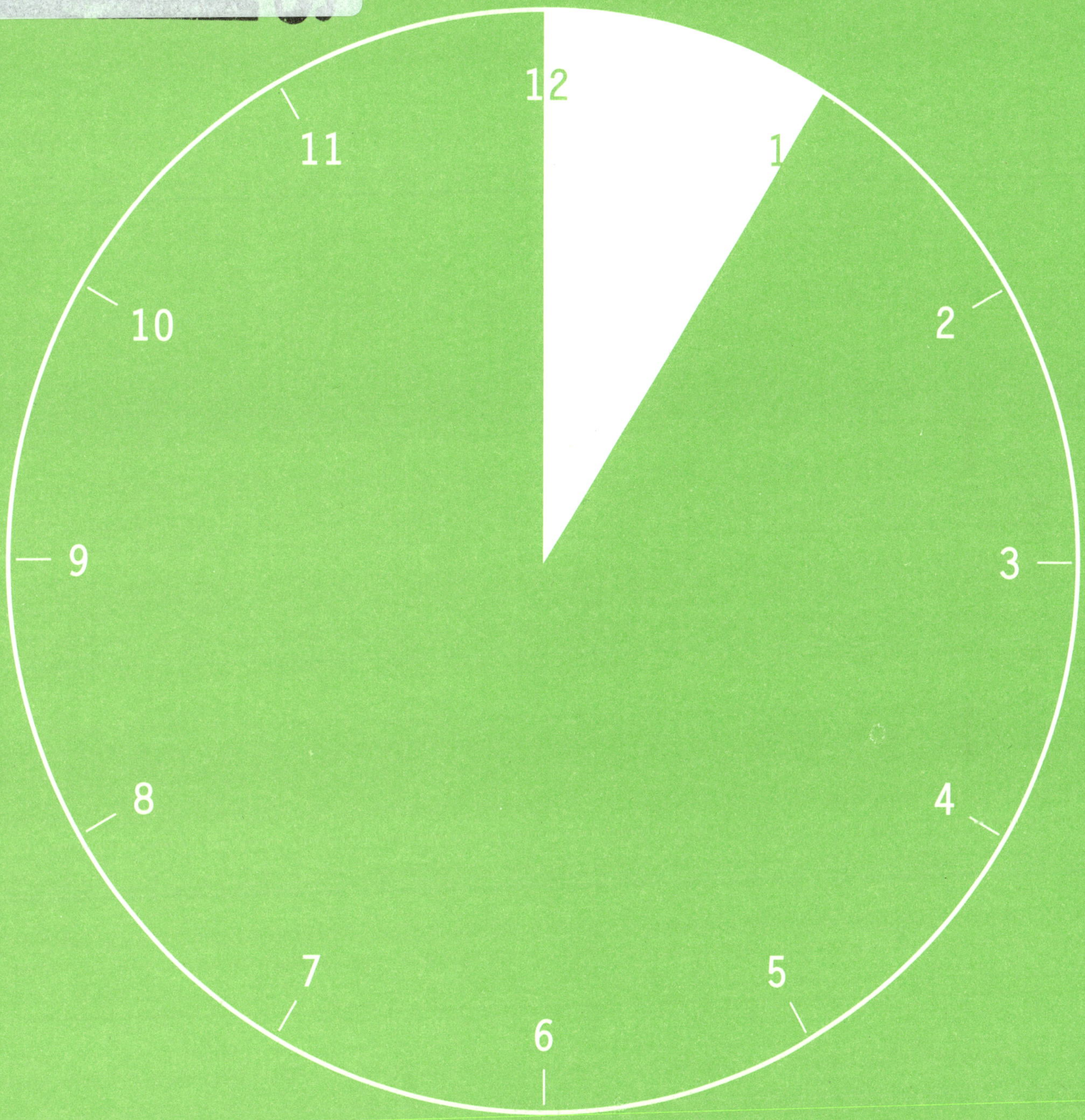
12
1
2
3
4
5
6
7
8
9
10
11

Viel Garten in wenig Zeit

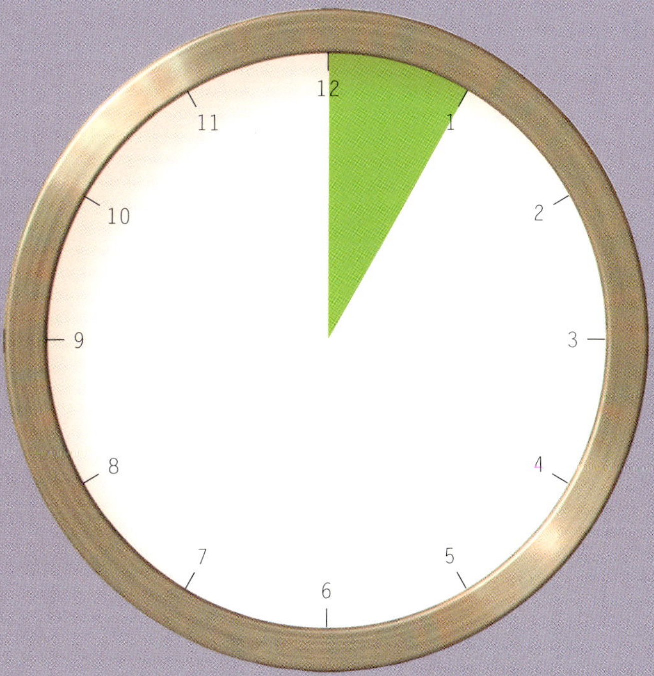

Viel Garten in wenig Zeit

Joanna Smith

KOSMOS

Aus dem Englischen übersetzt von Dr. Wolfgang Hensel
Titel der Originalausgabe: one-hourgarden
erschienen bei Hamlyn Octopus
an imprint of Octopus Publishing Group Ltd.,
2–4 Heron Quays, Docklands, London E14 4JP
unter ISBN 0-600-60484-5

Fotos von:
Mark Bolton 46, 65 re, 70, 84 o/des; Cannington College, National Amateur Gardening Show 2000 20/des; First Gardeners, National Amateur Gardening Show 2000 38; **Andrea Jones/Garden Exposures** 6 li, 79 u, 87, 93, 118, 135, 141 re, 154 M, 155 li, 156 li/ Help the Aged, RHS Chelsea 2000 150 re Garden Picture Library, Mark Bolton 94 ure, Linda Burgess 103, Erica Craddock 13, Eric Crichton 11 o, 82, Claire Davies 17 o, Suzie Gibbons 97, **John Glover** 86, Françoise de Heel 151 re, Marijke Heuff 55, Zara McCalmont 128, Myer/Le Scanff 69, Clive Nichols 150 li, Michael Paul 112, Jerry Pavia 92, Howard Rice 49, 136, 139, Alec Scaresbrook 131, Friedrich Strauss 134, 138, Ron Sutherland 26 o, 33 o, 53, 123, Juliette Wade 116 u, 157 re, Mel Watson 51, John Glover 26 u, 35, 59, The Mill House, Essex 29/des; Alan Titchmarsh 14 **Octopus Publishing Group Limited**/Marc Bolton, des; Elizabeth Apedaile/ Garden Design, RHS Hampton Court 2001 152 re/des; Barnstead Horticultural Society/Garden Landscape, RHS Chelsea 2001 122/des; Christopher Colton/Scenic Design Landscaping RHS Hampton Court 2001 91 re, 129, 152 M/des; The Courseworks Design Team/The Mitsubishi Urban Chic Garden, RHS Hampton Court 2000 6 re/des; Paul Dyer/The Very Interesting Landscape and Water Feature Company, RHS Hampton Court 2001 44, 78/des; Sally Fell/British Conifer Growers, 'Babylon Garden', RHS Hampton Court 2001 34 o/des; Naila Green/Lee Jackson/The Specsaver Optical Group, RHS Hampton Court 2001 96/des; HMP Leyhill, RHS Chelsea 2001 124/des; The Marney Hall Consultancy, RHS Hampton Court 2001 153 li/des; Tony Stuard Smith, The Laurent Perrier Harpers & Queen Garden, RHS Chelsea 2001 31/des; Brian Tarns/Fairscape Design/Chenies Aquatics, RHS Hampton Court 2001 115/des; Xa Tollemache/John Keller, 'The Theatrical Garden', RHS Chelsea 2001 79 o/RHS Hampton Court 2001 80, 152 li, 153 re, Andrew Lawson 157 M, Howard Rice 57 li/ Polly Wreford 102, 110 **Jerry Harpur** 88/des; Peter Causer, Roja Dove, Brighton 22 re/des; Robert Chittock, Seattle, USA 113/des; Penny Crawhaw 19/des; Simon Fraser 39/des; Dr. Summer Freeman 43/des; Stuart Gibbs 32/des; Arabella Lennox Boyd 30/des; Jeff Mendoza 27, Jason Paxne, Stockwell 60 re, RHS Chelsea ´94 50, RHS Chelsea ´95 117 **Marcus Harpur** 11 ure, 58, 60 li, 75 u, 84 u; An Artists Garden, RHS Chelsea ´01 94 uli/des; Bunny Guinnes, RHS Chelsea ´97 24/des; HMP Leyhill, RHS Chelsea ´01 100 o/des; Geoff Whiten, RHS Chelsea ´01 94 ore; **Andrew Lawson** 12, 62, 74, 75 o, 81, 91 li, 100 u, 155 M, Brinsbury College, RHS Chelsea 2000 7/des; Bonita Bulitis/Julia Fogg/Susan Santer, RHS Hampton Court `95 10/des; Christopher Holiday, Charney Well 15/des; Prepend Jakobsen 18/des; David Magson 33 u/des; Diana May & Mark Watts, RHS Hampton Court 2000 116 o/des; Andy Rees 107 o/Garden in Provence, RHS Chelsea ´97 11 uli/des; Simon Shire 34 u/Thomasina Tarling 153 M; **S & O Mathews** 54 u, 63, 85, 132; **Clive Nichols** 22 li, 48, 54 o, 66, 73, 89, 111, 141 li; Richard Coward 154 re/des; Lucy Huntington, RHS Chelsea ´94 41/des; Claire Mathews/Avant Gardener 65 li, 114/des; Andrew & Karla Newell 25, 71, Jane Nichols 98, The Nichols Garden, Reading 57 re; The Old Vicarage, Norfolk 148, 156 M/des; R & J Passmore 106, RHS Chelsea ´98 17 u, 21/des; Woking Borough Council, RHS Chelsea ´93 67/des; Steven Woodhams, RHS Chelsea ´97 151 M, **Harry Smith Collection** 83, 108, 109, 119, 125, 126, 127, 130, 140, 150 M, 151 li, 154 li, 155 re, 156 re, 157 li, **Juliette Wade**/des; Joy & Jerry Eveley 107 u/des; Brian Wigley 13.

Umschlaggestaltung von Friedhelm Steinen-Broo, eStudio Calamar, Spanien, unter Verwendung von einem Foto von GBA/GBL, Au/Hallertau.

Die deutsche Bibliothek – CIP Einheitsaufnahme
Ein Titelsatz für diese Publikation ist bei
Der Deutschen Bibliothek erhältlich

Executive Editor: Emily van Eesteren
Project Editor: Sarah Ford
Copy-editors: Lydia Darbyshire and Cathy Lowne
Indexer: Hilary Bird
Senior Designer: Rozelle Bentheim
Book Designer: Geoff Borin
Picture Researcher: Claire Gouldstone
Production Controller: Jo Sim

Alle Angaben in diesem Buch sind sorgfältig geprüft und geben den neuesten Wissensstand bei der Veröffentlichung wieder. Da sich das Wissen aber laufend weiterentwickelt und vergrößert, muss jeder Anwender prüfen, ob die Angaben nicht durch neuere Erkenntnisse überholt sind. Dazu muss er zum Beispiel Gebrauchsanweisungen und Gesetze beachten.

Gedruckt auf chlorfrei gebleichtem Papier

1. Auflage

ISBN 3-440-09332-8
Redaktion: Angelika Throll-Keller, Carolin Krank, Katja von Berg
Produktion: Ralf Paucke, Heiderose Stetter
Satz: TypoDesign, Radebeul
Printed in China /Imprimé en Chine

KOSMOS Postfach 10 60 11
D-70049 Stuttgart
TELEFON +49 (0)711-2191-0
FAX +49 (0)711-2191-422
WEB www.kosmos.de
E-MAIL info@kosmos.de

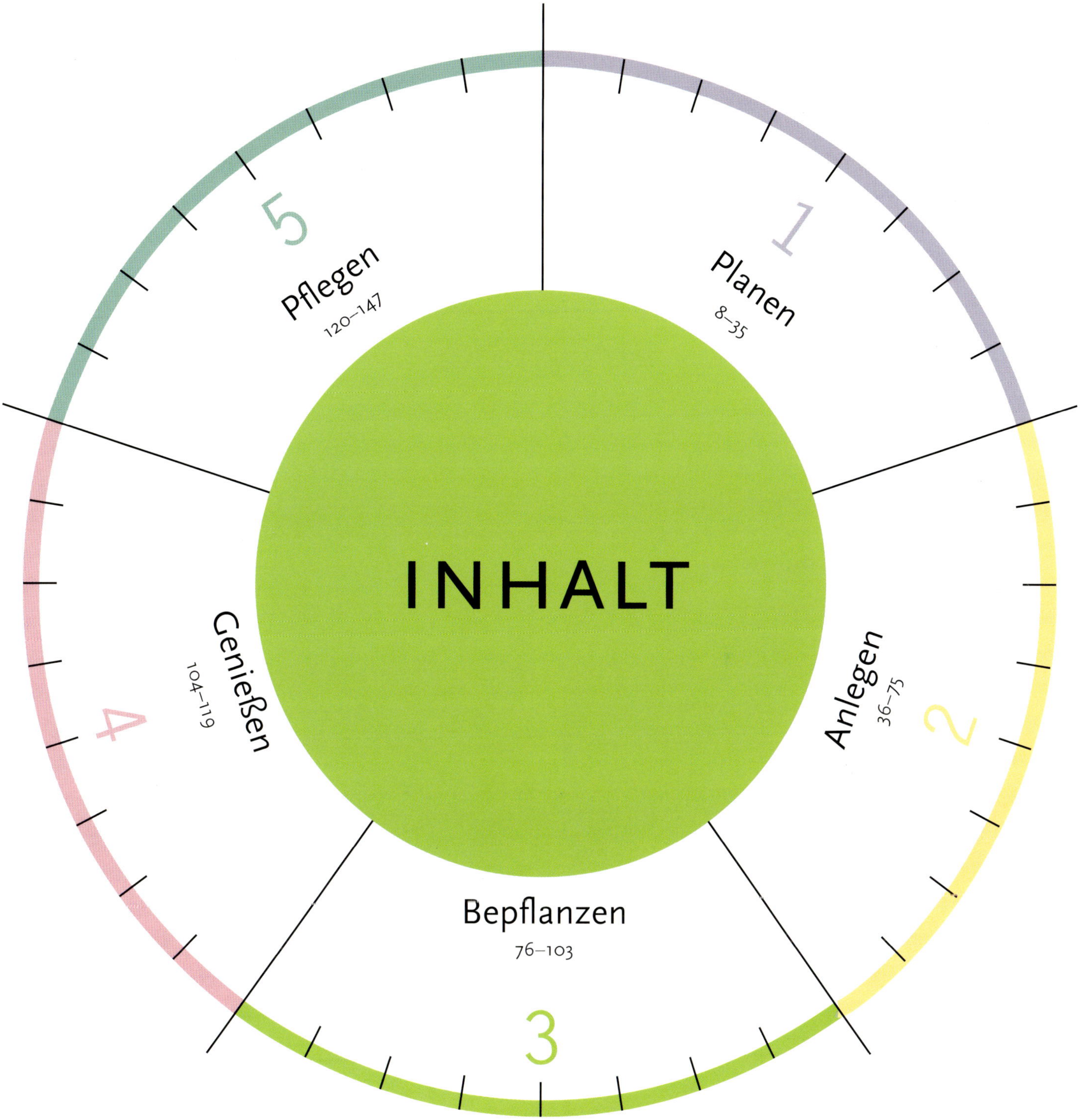
INHALT
1
Planen
8–35
2
Anlegen
36–75
3
Bepflanzen
76–103
4
Genießen
104–119
5
Pflegen
120–147

Mit nur einer Stunde pro Woche zum Traumgarten

Die meisten Menschen nehmen sich zu viel vor. Sie hetzen zwischen Job, Familie, Freunden, Hobbys und der Wohnung hin und her und finden kaum noch Zeit, das Haus in Ordnung zu halten – geschweige denn, gelegentlich den Rasen zu mähen. Dennoch träumen alle von einem hübschen Garten, in dem sie in der Sonne sitzen, entspannen, spielen oder bei schönem Wetter gemütlich ein Grillfest mit ihren Freunden veranstalten können.

Auch Sie werden wahrscheinlich keine Lust haben, mehr Zeit als absolut nötig damit zu verbringen, eine Rabatte zu jäten oder schwierige Pflanzen auszulichten – es sei denn, Sie sind ein leidenschaftlicher Gärtner. Doch selbst dann fällt Ihnen sicher etwas Besseres ein, als stundenlang die Rasenkante oder eine Hecke zu schneiden. Dieses Buch quillt über vor Ideen, wie man zwei Fliegen mit einer Klappe schlagen kann: einen attraktiven Garten zu besitzen, ohne dass man seine ganze Freizeit mit dessen Pflege verbringen muss. Es zeigt Wege auf, wie man einen schönen Garten ganz nach eigenen Wünschen anlegt, bepflanzt und gestaltet. Und der auch dann ordentlich und einladend aussieht, wenn man wöchentlich weniger als eine Stunde Arbeit investiert.

Das Buch erklärt, welche Materialien sich für Oberflächen, Begrenzungen und andere Teile des Gartens eignen, und stellt knapp und treffend ihre Vor- und Nachteile dar. Außerdem zeigt es, wie man die einzelnen Bestandteile zu einem stilvoll gestalteten Garten verbindet; es liefert zahlreiche Ideen für Gärten, die nicht nur gut aussehen, sondern auch mit minimaler Pflege auskommen. In der Tat bestimmt die Gestaltung eines Gartens ganz maßgeblich das Ausmaß der Pflege: Mit übersichtlichem Grundriss, passenden Bestandteilen und zielgerichteter Planung entsteht ein solcher Traumgarten – und bleibt schön, auch ohne harte Arbeit.

▲ *Pflanzen wie diese Hauswurz, um die man sich nicht kümmern muss, sind das A und O eines leicht zu pflegenden Gartens.*

◄ *Eine dichte Bepflanzung reduziert die Gartenarbeit, da sich zwischen den Pflanzen kaum Unkräuter etablieren können.*

Unsere Zusammenstellung pflegeleichter Pflanzen hilft Ihnen bei der Auswahl. Hier finden Sie verlässliche, leicht erhältliche Arten; ihre besonderen Vorteile werden ebenso herausgestellt wie ihre Ansprüche. Damit sehen Sie auf einen Blick, ob eine Pflanze Sonne oder Schatten liebt, welchen Boden sie bevorzugt und wann sie geschnitten werden muss. Mehr brauchen Sie nicht zu wissen. Da dieselben Pflanzen immer wieder im Buch auftauchen, können Sie sich ein Bild machen, welche sich am besten für Ihren Garten eignen.

Ein Organisationsplan stellt Ihnen vor, welche Arbeiten Sie im Laufe des Jahres durchführen müssen. Wenn Sie ihre übrigen Aktivitäten um diese Termine herum planen, bleibt Ihnen immer noch genügend Zeit, Ihren Garten zu genießen und sich zu entspannen.

In dem Buch werden durchgängig Symbole verwendet, um den Pflegeaufwand für Einrichtungen, Materialien und Gärten zu kennzeichnen. Sie sind gestaffelt von kaum oder keine Pflege bis zu leichter Pflege:

●●● kaum oder keine Pflege ●● wenig Pflege ● leichte Pflege

Wenn Sie den Pflegeaufwand schon bei der Planung berücksichtigen, werden Sie einen Garten gestalten, der ganz Ihren Bedürfnissen und Ihrer Freizeit entspricht. Zu Beginn wird es vielleicht zeitaufwändig oder teuer sein, einen bestehenden Garten umzugestalten, langfristig entsteht jedoch ein Garten, den Sie mit einer Stunde Arbeit pro Woche in Form halten können.

▲ In einem kleinen Garten kommen große, markante Pflanzen am besten durch ein elegantes Design zur Geltung.

PLANEN

1

Einen attraktiven Garten zu besitzen, der weniger als eine Stunde wöchentliche Pflege benötigt, ist grundsätzlich möglich – man muss sich allerdings im Vorfeld Gedanken über die Planung machen und die Menge seiner Bestandteile und Pflanzen begrenzen. Einen vollständig mit Platten gepflasterten Hof kann man problemlos in einen eleganten, leicht zu pflegenden und farbenprächtigen Wohnraum im Freien verwandeln. Noch reizvoller und interessanter erscheint er jedoch, wenn Sie bereit sind, etwas mehr wöchentliche Zeit zu investieren. Sie könnten etwa eine schattige Pergola über einem eleganten Essplatz bauen, die Wände mit blühenden Kletterpflanzen verkleiden, einige Kübelpflanzen oder vielleicht sogar ein Wasserspiel hinzufügen. Soll der Garten traditioneller gestaltet sein, könnten Sie vielleicht eine kleine Rasenfläche einplanen, die man im Sommer mit einer halben Stunde Mähen pro Woche in Form hält.

Die wichtigste Entscheidung, die Sie bei der Planung eines Gartens treffen müssen, betrifft die verwendeten Oberflächen – dies gilt vor allem für einen pflegeleichten Garten. Das Verhältnis von harten Oberflächen, z.B. Pflaster, Kies, zu weichen Oberflächen, z.B. Rasen und Beete, bestimmt maßgeblich den Arbeitsaufwand. In einem pflegeleichten Garten kann man nie genug harte Oberflächen haben. Während jedoch in einem städtischen Garten eine große, hübsch gepflasterte Fläche mit einigen Blattpflanzen durchaus Sinn macht, wären zu viele harte Oberflächen in einem ländlichen Garten eher fehl am Platze. Versuchen Sie daher stets, Ihren Gartenraum in die Umgebung einzupassen, und ziehen Sie weichere Materialien wie Mulch und langsam wachsende Hecken anstelle von Pflaster, Zäunen und Mauern in Betracht.

„Vereinfachen Sie zunächst den Grundriss so weit wie möglich und verzichten Sie auf alle Einrichtungen oder Pflanzen, die den Aufwand nicht lohnen."

Gehen Sie konsequent vor, wenn Sie Ihren Garten organisieren; reduzieren Sie ihn auf die Bestandteile, die Sie in der veranschlagten Zeit pflegen können, wobei Ihr Garten nicht zwangsläufig so aussehen muss, als sei er arbeitssparend geplant worden. Vereinfachen Sie zunächst den Grundriss so weit wie möglich und verzichten Sie auf alle Einrichtungen oder Pflanzen, die den Aufwand nicht lohnen. Gehen Sie so vor, als würden Sie Ihre Kleidung durchforsten: Ist der Teich wirklich erforderlich? Macht Ihnen der Steingarten so viel Freude, dass sich der zusätzliche Zeitaufwand für das Jäten lohnt? Manchmal ist es sogar befreiend, auf bestimmte Bestandteile des Gartens zu verzichten – da man nie genug Zeit hatte, sie angemessen zu pflegen, verschwindet auch das nagende Schuldgefühl.

Freuen Sie sich auf eine Zukunft mit viel weniger Gartenarbeit. Auch wenn Ihnen zu Beginn noch reichlich Arbeit bevorsteht, den Garten pflegeleicht umzurüsten, die Zeit und Mühe, die Sie nun investieren, wird sich später vielfach auszahlen – außerdem wird Ihr Garten viel besser aussehen als jetzt.

◄ *Obwohl dieser Garten edel aussieht, ist er recht einfach zu pflegen. Pflastersteine und Kiesel brauchen kaum Aufmerksamkeit und es gibt nur wenige Pflanzen, um die man sich kümmern muss.*

▲▲ *Dieser Hofgarten braucht kaum Pflege; die Kräuter auf dem Grill und die Kübelpflanzen müssen gegossen und der Rasen gemäht werden.*

▲ *Geißblatt wie diese 'Graham Thomas' ist eine pflegeleichte Kletterpflanze, die nur einmal jährlich geschnitten werden muss.*

◄ *Halten Sie die Zahl der Kübel in einem pflegeleichten Garten möglichst gering, denn sie müssen im Sommer täglich gegossen werden.*

Warum verändern?

Wir alle wünschen uns einen attraktiven Garten, an dem wir uns erfreuen können, ohne zu seinem Sklaven zu werden. Es macht keinen Sinn, ständig mit Jäten, Umgraben und Auslichten beschäftigt zu sein, ohne dass Zeit für Entspannung unter freiem Himmel bleibt. Wenn Sie das Gefühl haben, dass Ihnen der Garten über den Kopf wächst, oder Sie nach dem Einzug in ein neues Haus etwas mehr Zeit haben möchten, dann stellen Sie sich die Fragen auf Seite 13. Sollte auch nur eine der Antworten „Ja" lauten, ist es Zeit, etwas zu ändern.

Häufig enthalten Gärten zu viel „Kleinkram", der sich nach und nach angesammelt hat, ohne dass ein übergeordneter Plan existierte. In solchen Gärten findet man kleine Blumen- und Gemüsebeete (mit Unkraut), kleine gepflasterte Flächen, die zu Sitzplätzen werden sollten, einen vernachlässigten Teich, Steingarten und ein paar Kübelpflanzen. Da man gezwungen ist, viele unterschiedliche Arbeiten zu erledigen, kostet es unnötig viel Zeit und Mühe, dies alles in Ordnung zu halten. Die Lösung des Problems heißt Vereinfachung des Designs: Indem Sie die Einzelelemente reduzieren, nimmt nicht nur der Pflegeaufwand ab, sondern gleichzeitig verbessert sich auch der Gesamteindruck des Gartens.

Betrachten Sie Ihren eigenen Garten unter den Gesichtspunkten der Checkliste auf Seite 13 und der nebenstehenden Liste. So bekommen Sie einen Überblick, welche Arbeiten man innerhalb einer Stunde erledigen kann – sofern Sie die laufenden Arbeiten verrichtet haben und Ihr Garten nicht zu groß ist. Schlagen Sie in dem wöchentlichen Organisationsplan auf den Seiten 148–157 die Details nach, wie man die Arbeiten über das Jahr verteilt.

▲▶ ***Krokusse wie diese 'Jeanne d'Arc' brauchen keine Pflege und treiben dennoch Jahr für Jahr aus.***

Das kann man in einer Stunde erledigen

Planen Sie die Bestandteile Ihres Gartens auch im Hinblick auf den erforderlichen Arbeitsaufwand. Diese Liste zeigt Ihnen, welche Arbeiten sich in etwa einer Stunde erledigen lassen. Schätzen Sie ab, wie lange die Pflege Ihres Idealgartens dauern würde; verzichten Sie auf alles, was Sie zeitlich nicht angemessen bewältigen können.

In einer Stunde kann man:

- einen kleinen Rasen mähen und ein kleines Beet jäten,
- zwei bis drei Kübel neu bepflanzen,
- sechs pflegeleichte Sträucher zurückschneiden und die Zweige entsorgen,
- zehn neue Pflanzen setzen,
- Herbstlaub entfernen,
- eine Kiesfläche rechen und gegebenenfalls neuen Kies verteilen,
- eine langsam wachsende Hecke schneiden,
- einen Katalog durchsehen und ein paar Zwiebeln oder Knollen bestellen,
- in ein Gartencenter fahren und ein paar neue Pflanzen kaufen,
- ein mittelgroßes Beet jäten und den Mulch ersetzen,
- alle Kübel gießen, jäten und düngen.

Checkliste Pflegeleichtigkeit

Möchten Sie lieber im Garten entspannen statt ihn zu pflegen? Schaffen Sie sich einen Raum im Freien (S. 56–59) und schlagen Sie unter „Genießen“ (S. 104–119) nach, um auf neue Ideen zu kommen.

Ist Ihr Garten eine Mischung verschiedener Bestandteile, die Sie weder pflegen noch nutzen können?
Seien Sie hart und vereinfachen Sie das Design nach Ihren Bedürfnissen (siehe S. 16–17).

Fangen Sie ganz neu an oder verändern Sie einen bestehenden Garten?
Sehen Sie auf S. 40–51 nach, wie man einen Garten mit wenig Aufwand verändert.

Suchen Sie nach Ideen für den pflegeleichten Garten, die zu Ihrem Lebensstil passen?
Wie wäre es mit einigen Gärten „von der Stange“ auf S. 52–75?

Wollen Sie einen Garten, in dem Sie niemals arbeiten müssen?
Gestalten Sie einen anspruchslosen Garten (siehe S. 40–41).

Wollen Sie einen pflegeleichten Garten mit Stil?
Entscheiden Sie sich für ein Design auf S. 52–75.

Haben Sie eine unebene und reizlose Terrasse?
Legen Sie ein einfaches, edles Holzdeck darüber (siehe S. 46–47).

Haben Sie keine Lust, im Sommer jedes Wochenende den Rasen zu mähen?
Entscheiden Sie sich für eine andere Oberfläche (siehe S. 30–35) oder legen Sie einen pflegeleichten Rasen an (siehe S. 75).

Verbringen Sie Stunden damit, die Rasenkanten zu trimmen?
Legen Sie eine feste Rasenkante an (siehe S. 132–133).

Sehen Ihre Pflanzen krank aus und werden sie von Unkraut bedrängt?
Wahrscheinlich kommen sie nicht mit den Bedingungen in Ihrem Garten zurecht (siehe S. 140–145).

Enthalten Ihre Rabatten Unmengen von Pflanzen, und Sie wissen nicht, wie man sie pflegt?
Pflanzen Sie stattdessen einfache, verlässliche Blumen ein (siehe S. 80–81 und 140–145).

Halten Sie es für verschenkte Zeit, Ihre Rabatten frei von Unkraut zu halten?
Verwandeln Sie die Beete in einen Kiesgarten (siehe S. 64–67) oder in Strauchbeete (siehe S. 48–49).

Haben Sie ein Gemüsebeet, um das Sie sich nicht mehr kümmern?
Schaffen Sie es ab und ziehen Sie lieber einige Gemüsepflanzen im Kübel (siehe S. 94–99).

Wollen Sie einen sicheren Garten als Spielplatz für Ihre Kinder?
Planen Sie einen kinderfreundlichen Garten (siehe S. 108–109).

Ist Ihr Steingarten voller Unkraut und verwildert?
Schaffen Sie ihn ab oder legen Sie ein pflegeleichtes Hochbeet für die Steingartenpflanzen an (siehe S. 50–51).

Sieht Ihr Garten im Winter langweilig aus?
Wählen Sie Pflanzen, die ganzjährig für Farbe sorgen (siehe S. 82–83).

Verbringen Sie viel Zeit damit, die Kübelpflanzen in Top-Qualität zu halten?
Senken Sie den Arbeitsaufwand; Tipps S. 94–97.

Brauchen Sie Ideen für pflegeleichte Kübelbepflanzungen?
Halten Sie sich an die Vorschläge auf S. 98–99.

Sieht Ihr Teich vernachlässigt aus, oder sind die Ufer überwuchert?
Planen Sie sinnvolle Änderungen ein oder installieren Sie einen einfachen Sprudelbrunnen (siehe S. 65–66, 114–115).

Müssen Sie mehrmals pro Jahr die Hecken schneiden?
Tauschen Sie Ihre schnellwüchsigen Heckenpflanzen gegen geeignetere aus oder errichten Sie gleich einen Zaun oder eine Mauer (siehe S. 24–29).

▶ ***Da man sich ständig um die Kanten kümmern muss, erfordert die Pflege dieses kleinen Rasens viel Zeit. Mit einer Kante aus Ziegelsteinen reduziert sich der Aufwand um die Hälfte.***

Was haben Sie?

Viele Leute, die einen bestehenden Garten übernehmen, halten es für die einfachste Lösung, ihn zu lassen, wie er ist. Allenfalls pfuschen sie daran herum und haben schließlich einen Garten, in dem nichts harmoniert und der nicht zu Ihrem Lebensstil passt. Verändern Sie mutig das Konzept so lange, bis Sie Ihren Traumgarten geschaffen haben. Allerdings sollten Sie realistisch berücksichtigen, wie viel Zeit Sie neben Ihren Verpflichtungen erübrigen können und was Sie bereit sind zu tun.

▲ *Holz und Flechtwerk bilden das Rückgrat dieses Gartens. Da die Rasenfläche durch Rindenmulch ersetzt wurde, bleibt nur die Pflege der Pflanzen übrig.*

Zeitaufwändige Arbeiten

Bevor Sie sich an die eigentliche Planung machen, sollten Sie sich mit den wesentlichen Merkmalen eines pflegeleichten Gartens vertraut machen. Erst, wenn Sie genau wissen, welche Arbeiten besonders zeitaufwändig sind und welche schnell gehen, können Sie darüber nachdenken, was Sie einplanen möchten bzw. auf was Sie lieber verzichten sollten. Denken Sie daran: Kaum jemand hat die Zeit, ein Beet oder eine Rabatte mit nackter Erde ständig unkrautfrei zu halten. Mit etwas vorausschauender Planung werden auch Sie bald an warmen Sommerabenden ganz entspannt im Garten sitzen.
Schauen Sie sich Ihren Garten an und notieren Sie, wie viele dieser zeitaufwändigen Bestandteile Sie besitzen:

- Graswege
- Steingarten
- nackte Erde
- mehrere Beete und Rabatten
- Rosengarten
- makelloser Rasen
- einjährige Sommerpflanzen
- Gemüsebeete
- Kräuterbeete
- Rasen mit unbefestigten Kanten
- Beerenobst
- wüchsige Obstbäume
- kleine, schattige Rasenflächen
- Inselbeete oder andere Objekte im Rasen
- hohe Hecken
- zahlreiche kleine Kübelpflanzen
- Hängekörbe

Bereiten Sie sich darauf vor, diese Gartenelemente entweder ganz zu entfernen oder sie beträchtlich zu reduzieren.

▲ ***Dieses prachtvolle Laubarrangement – Rosmarin, Salbei und Flachs – sieht das ganze Jahr über gut aus und ist äußerst pflegeleicht. „Einfache" Pflanzen müssen nicht langweilig sein.***

Änderungen planen

Bevor Sie mit der eigentlichen Veränderung anfangen, sollten Sie sich Ihren Garten sehr genau ansehen und sich vorstellen, wie er aussehen könnte. Sicher ist es verlockend, sofort mit der Arbeit zu beginnen – durch gründliche Vorausplanung werden Sie jedoch viele Fehler vermeiden.

Denken Sie beispielsweise an den Raum, den anderweitige Nutzungen beanspruchen. Vielleicht wollen Sie eine Wäscheleine aufspannen oder müssen einen Stellplatz für das Auto einplanen; gehen Sie durch den Garten zur Garage, zum Öltank oder zu einem Werkzeugschuppen? Brauchen Sie Platz für Gartengeräte oder die Mülltonnen? Planen Sie solche Nutzungen im Vorfeld ein.

Fast noch wichtiger ist die freie Zeit, die Sie auf jeden Fall mit Gartenarbeit zubringen werden, denn danach richtet sich die Art Ihres neuen Gartens. Sollten Sie nur eine Stunde pro Woche erübrigen können, sind Sie auf einen konsequent pflegeleichten Garten angewiesen, schließlich gibt es auch verregnete Wochenenden, an denen Sie nicht ins Freie können. In diesem Fall sollten Sie den Garten fast vollständig pflastern, dazwischen bleibt Raum für einige pflegeleichte Sträucher, Gräser und Bodendecker. Wenn Sie jedoch etwas mehr Zeit investieren wollen oder können, dürfen Sie ein Blumenbeet oder eine Hecke – anstelle von Zaun oder Mauer – vielleicht auch eine kleine Rasenfläche einplanen. Machen Sie die verfügbare Zeit zum Maßstab Ihrer Planung.

Was wollen Sie?

Wenn Sie einen Garten wünschen, der einerseits ganzjährig gut aussieht, andererseits aber pro Woche nur eine Stunde Arbeit kostet, dann müssen Sie das Vorhandene grundsätzlich verändern. Beginnen Sie damit, Ihre Erwartungen an den Garten zu formulieren. Stellen Sie sich die unten aufgeführten Fragen, um zu erkennen, welche Änderungen nötig sind und wie Sie den bestehenden Garten umgestalten können.

Was erwarten sie von Ihrem Garten?

Als ersten Schritt auf dem Weg zu einem neuen Garten sollten Sie sich überlegen, wie viel Zeit Sie zur Pflege aufbringen können und was Sie von ihm erwarten. Wünschen Sie sich z.B. einen Ort für die persönliche Entspannung oder wollen Sie sich darin amüsieren? Suchen Sie nach einem sicheren Platz für Ihre Kinder oder möchten Sie gerne ausgewählte Pflanzen darin ziehen? Antworten Sie ehrlich, was Sie erwarten und wofür Sie Zeit haben.

Wie möchten Sie Ihren Garten nutzen?

Entspannung ◯ Sonnenbaden ◯ Spielen ◯ Unterhaltung ◯ Grillen ◯ Pflanzen aufziehen ◯

Wer nutzt den Garten?

Erwachsene ◯ Kinder ◯ Haustiere ◯

Welche Einrichtungen muss der Garten enthalten?

Werkzeugschuppen ◯ Lager für Fahrräder und Spielzeug ◯ Wäscheleine ◯ Parkplatz ◯

Platz für Mülleimer ◯ Spielgeräte für Kinder ◯

Was möchten Sie gerne haben?

Raum für Essen im Freien ◯ Entspannung und Sonnenbaden ◯ schattiger Platz zum Sitzen ◯

Wasserspiele ◯ Kletterpflanzen ◯ einige pflegeleichte, essbare Pflanzen ◯

Welcher Gartentyp soll es sein?

modern und minimal ◯ formal ◯ üppig, mit vielen Blättern ◯ fast wild ◯

Wie viel Zeit können Sie für die Gartenarbeit erübrigen?

1 Stunde wöchentlich oder weniger ◯ 1–2 Stunden wöchentlich ◯ mehr als 2 Stunden ◯

Wie viele Pflanzen wünschen Sie sich?

das Minimum ◯ genug, damit der Garten interessant wirkt ◯ eine hübsche Auswahl verschiedener Formen ◯

▲ ***Holzdecks wirken sehr natürlich und sehen in den meisten Gärten gut aus. Aus Hartholz gefertigte Decks halten viele Jahre.***

Die ersten Schritte

Nachdem Sie sich entschieden haben, was Sie von Ihrem Garten erwarten, können Sie sich nun Gedanken machen, wie Sie dieses Ziel erreichen.

Alle Gärten bestehen aus einer Kombination von festen Oberflächen und Pflanzen. Vergleichen Sie Ihren eigenen Garten mit der Liste der notwendigen Bestandteile (unten). Wenn Sie mit einer Stunde Pflege pro Woche auskommen wollen, müssen Sie die Bestandteile aus der entsprechenden Liste auswählen. Ist Ihr Garten ganz oder teilweise von einer Mauer umgeben – die ultimative Null-Pflege-Grenze – dann könnten Sie als Oberfläche Rindenmulch oder sogar einen Rasen wählen, der etwas mehr Pflegezeit erfordert. Wenn Sie einen bestehenden, gut verlegten Ziegelweg beibehalten, sparen Sie Zeit für die Pflege einer Hecke.

Notwendige Bestandteile

••• keine Pflege   •• wenig Pflege   • leichte Pflege

Wege

- ••• Ziegel
- ••• Pflastersteine, -platten
- •• Kies
- •• Trittsteine
- • Rindenmulch

Oberflächen

- ••• Zement
- ••• Pflaster
- •• Wiese
- •• Deck, Kies
- • Rindenmulch
- • Rasen

Begrenzung

- ••• Dichtzaun
- •• offenes Gitter oder Holztor
- • pflegeleichte Hecke
- • Zaun aus Schmiedeeisen

▶ ***Achten Sie stets darauf, nur pflegeleichte Bestandteile zu verwenden.***

Mögliche Bestandteile

••• keine Pflege   •• wenig Pflege   • leichte Pflege

Sicher gibt es eine Reihe von Zierelementen, die Sie in Ihren Garten integrieren möchten. Auch hier kommt es bei der Planung darauf an, jene auszusuchen, die Ihnen gefallen, die Sie aber andererseits auch pflegen können. Wenn Sie Wert auf Wasser legen, dann sollten Sie sich bei der Bepflanzung für pflegeleichte Bodendecker (siehe S. 142–143) entscheiden. Ein kleiner Baum sorgt ebenso für Höhe und Schatten wie eine Holzkonstruktion, braucht aber weniger jährliche Pflege.

Hohe Elemente

- ••• kleiner Baum
- •• Bogen
- •• Pergola
- •• Laube
- •• Obelisk, Pyramide
- •• Sichtschirm

Zusatzelemente

- ••• Gartenbank
- ••• Gartenschmuck
- •• Sprudelbrunnen
- •• Hochbeet
- •• Tisch und Stühle
- • Teich, Wasserspiele

Bepflanzung

- ••• Bodendecker
- •• Ziergräser
- •• Strauchbeet
- • Kübel
- • pflegeleichte Rabatte
- • pflegeleichte, essbare Pflanzen

Brauchen Sie wirklich einen Rasen?

Was könnte schöner für den Sommer sein als ein gut gepflegter, in Streifen gemähter Rasen, der sich zierlich durch den Garten schwingt, gesäumt von üppigen Beeten, deren Stauden sich verschwenderisch über das Gras neigen? Nicht viel ..., solange man sich nicht selbst darum kümmern muss.

▲ *Rasenflächen verbinden die Elemente eines Gartens und bieten gleichzeitig Raum, um bei schönem Wetter darauf zu sitzen oder zu spielen. Sie können, je nach Gestalt des Gartens, mit geraden oder geschwungenen Kanten angelegt werden.*

Die Pflege des Rasens

Ein von Blumen gesäumter Rasen ist zwar der Inbegriff eines gut gepflegten Gartens, aber auch sein wohl pflegeaufwändigster Bestandteil. Dort, wo die Rasenkante an ein Beet stößt, bricht sie oft aus und sieht unordentlich aus. Will man im Beet arbeiten, steht man auf dem Rasen, tritt das Gras herunter und schädigt die Bodenstruktur. Also muss man zum Ende des Sommers entweder die Rasenkante ausbessern oder neu abstechen. Stauden, die über den Rasen wachsen, beschatten das Gras; es wächst schlechter und schon bald bilden sich kahle Stellen, die dann von Unkraut oder Moos erobert werden. Andererseits kann das Gras auch in die Rabatte hineinwachsen. Da man es nicht mehr mit dem Rasenmäher erreicht, muss man es mit Scheren kurz halten oder mit der Hand ausjäten.

Im Frühling braucht der Rasen eine Mischung aus Dünger und eventuell Unkrautentferner. Der Fachhandel bietet Kombinationspräparate an, die man einfach anwenden kann. Im Sommer ist eine weitere Düngung erforderlich und im Herbst folgt eine dritte, die das Gras vor dem Winter kräftigt.

Eine Rasenfläche muss regelmäßig belüftet und gelockert werden. Kräftiges Belüften mit einer Grabegabel verbessert den Wasserabzug des Bodens und mit dem Fächerbesen kann man das tote Gras entfernen, das sich im Laufe des Jahres angesammelt hat. Diese Arbeiten werden meist im Frühherbst erledigt.

Auf staunassen Böden kann Moos zum Problem werden. Man kann das Moos zwar mit Chemikalien abtöten, verändert damit jedoch kaum die optimalen Wuchsbedingungen für das Moos. Hier hilft nur Belüftung und Einarbeitung von Sand in den Boden.

Das Herbstlaub muss entfernt, unschöne Stellen im Frühling neu gesät und die Rasenkanten ausgebessert werden.

Denken Sie auch daran, dass ein Rasen gemäht werden muss. Damit er sein schönes Aussehen den ganzen Sommer über behält, sollte das Gras vom Frühling bis in den Herbst hinein regelmäßig gemäht werden – im Sommer einmal pro Woche.

Wenn Sie keinen Rasen anlegen, brauchen Sie weder Rasenmäher noch Fächerbesen, weder Rasentrimmer noch Schere oder Rasenkantenstecher. Mit dieser Entscheidung sparen Sie mit einem Schlag nicht nur viele Stunden ein, die Sie im Sommer mit dem Mäher hin und her laufen, sondern auch Speicherplatz und Geräte. Denken Sie also sorgfältig darüber nach, ob Sie wirklich einen Rasen brauchen.

Was aber könnte den Rasen als Oberfläche ersetzen? Da Oberflächen das Erscheinungsbild des Gartens bestimmen, müssen Sie hier eine wegweisende Entscheidung treffen. Sehen Sie sich auf S. 30–35 die Vor- und Nachteile unterschiedlicher Oberflächen an.

▶ ***Ein Rasenmäher gleitet über feste Kanten wie Ziegel, Kies oder Pflastersteine hinweg, sofern sie unterhalb der Rasenoberkante enden. Auf diese Weise entfällt das aufwändige Kantenschneiden.***

Zeit sparen

Berücksichtigt man nur den Zeit- und Arbeitsaufwand, dann wäre die Entscheidung für einen Rasen in der Tat kaum nachzuvollziehen. Allerdings ist Gras eine perfekte Ergänzung zu Pflanzen und festen Oberflächen, aber auch ein idealer Spielplatz für Kinder. Grasflächen können in wirklich jede gewünschte Form gebracht werden, schwingend, kurvig, in Kreise und Ovale. Verzichten Sie in einem pflegeleichten Garten auf die traditionelle Rechteckform und die begleitenden Beete, planen Sie ein interessanteres Design. Wie wäre es mit einer gebogenen, unregelmäßigen Form, die unmittelbar die Blicke auf sich zieht, oder mit einem einfachen Kreis, dessen Form von einem Sitzplatz oder einem Teich aufgenommen wird? Sie könnten den Platz auch für zwei kleinere Rasenflächen nutzen, die von einem Strauchbeet oder einem Teich getrennt werden. Wie Sie sich auch entscheiden, vermeiden Sie spitze Winkel und schwierige Bögen – das erleichtert die Arbeit.

Wenn Sie zu den vielen Gärtnern gehören, die glauben, die Vorteile eines Rasens machten dessen Nachteile mehr als wett, dann befolgen Sie die folgenden Grundregeln. Damit reduzieren Sie die wöchentliche Rasenpflege im Sommer auf ein Minimum:

- Vereinfachen Sie die Form des Rasens, um die Mähzeit zu verkürzen.
- Umgeben Sie den Rasen mit einer festen Rasenkante.
- Verzichten Sie auf Inselbeete im Rasen; man muss um sie herummähen.
- Entfernen Sie alle Statuen, Sonnenuhren oder Vogeltränken von der Rasenfläche; sie gehören auf eine Terrasse oder eine Säule im Staudenbeet.
- Legen Sie gerade Kanten an; glatte, weite Kurven sind akzeptabel, aber viele enge Kurven machen das Mähen und die Kantenpflege mühsam.

Brauchen Sie große Pflanzflächen?

Wenn Sie einen Garten planen, der mit geringem Zeitaufwand auskommen soll, müssen Sie die bepflanzten Flächen auf ein Minimum reduzieren. Vielleicht fällt es Ihnen schwer, sich von den geliebten Staudenbeeten zu trennen, weil Sie einen langweiligen, öden Garten befürchten, es gibt jedoch zahlreiche Möglichkeiten, ihn interessant zu gestalten und wenige Pflanzen optimal zur Geltung zu bringen.

Pflegeleichte Alternativen zu Pflanzen

Anstelle großflächiger Beete und Rabatten bieten sich folgende Alternativen an:

- Terrassen und gepflasterte Flächen: Achten Sie darauf, dass kein Unkraut durch die Fugen wachsen kann.
- Hartholzdecks: Druckimprägniertes Hartholz kann ohne Pflege viele Jahre lang halten.
- Größere Wasserflächen: Ein großer, gut bepflanzter Teich braucht erstaunlich wenig Pflege. Richten Sie ein erhöhtes Becken ein oder legen Sie eine dauerhafte Uferbefestigung an.
- Wege mit Ziegeln oder Platten: Ein gut geplanter Weg liefert das Gerüst für den Garten. Achten Sie auch hier darauf, dass kein Unkraut durch die Fugen wächst.

▶ ***Bis auf das Ziergras im Kübel, das Sie gießen müssen, können Sie diese Pflanzen sich selbst überlassen.***

Die Bepflanzung

Sicher werden einige der schönsten und interessantesten Gärten durch Rabatten geprägt, die mit viel Aufwand gepflegt werden. Allerdings spricht nichts dagegen, ein Blumenbeet anzulegen, das nicht nur das ganze Jahr über hübsch aussieht, sondern auch noch leicht zu pflegen ist. Die Rechnung ist ganz einfach: Wenn Sie weder gerne jäten, noch zurückschneiden oder die Beete pflegen wollen, dann setzen Sie – gut strukturiert – einige pflegeleichte Pflanzen in eine mit Kies, Rinde oder Kakaoschalen gemulchte Fläche. Auf diese Weise vermeiden Sie nackte Erde, unterdrücken das Unkraut und halten den Boden feucht.

Die folgenden Pflanzideen vermindern den Pflegeaufwand:

- Bodendecker: In einem pflegeleichten Garten kommt es

darauf an, nackte Erde zu vermeiden; Bodendecker sind dafür perfekt geeignet und sehen zudem gut aus (siehe S. 84–85).

- Kiesgarten: Wird Kies über eine Unkraut unterdrückende Folie ausgestreut, entsteht sofort eine preiswerte, attraktive Oberfläche, die nur von Zeit zu Zeit gerecht werden muss.
- Mit Rinde gemulchte Beete: Natürlicher Mulch über einer Unkraut unterdrückenden Folie ist leicht zu pflegen und wirkt in Strauchbeeten und auf Wegen sehr natürlich (siehe S. 63).
- Arbeitssparende Grasfläche: Unter dem Strich erfordert eine einfache Grasfläche weniger Pflege als ein Staudenbeet.

Eine praktikable Lösung wäre auch, die bestehenden Beete zu verschmälern. So kann man die Stauden erreichen, ohne sich auf die Erde des Beetes stellen zu müssen. Da der Boden im Beet nicht mehr verdichtet wird, braucht er auch nicht mehr gelockert zu werden – langfristig sparen Sie also viel Zeit.

Sträucher

Sowohl Laub abwerfende als auch immergrüne Sträucher sind eine gute Wahl für den pflegeleichten Garten. Sie nehmen je nach Größe viel Platz in einer gemischten Rabatte ein und bilden einen guten Hintergrund für andere Pflanzen. Entscheiden Sie sich für Sträucher, die wenig Pflege benötigen und ganzjährig hübsch aussehen – mit immergrünem Laub, schöner Herbstfärbung, Blüten oder Früchten (siehe S. 82–83 mit Ideen für ein farbiges Gartenjahr).

Außerdem sind Sträucher ideale Blickpunkte, die man gezielt als Solitäre einsetzen sollte. Sie geben einem Beet Höhe und Volumen und sorgen mit auffallenden Formen und Strukturen für Abwechslung.

Geeignete Pflanzen

Wenn Sie Pflanzen für Ihren pflegeleichten Garten auswählen, achten Sie darauf, dass sie folgende Ansprüche erfüllen: Sie sollen genügsam sein, einen Blickpunkt bieten oder den Boden abdecken und so das Jäten reduzieren.

- Wählen Sie einige große Pflanzen als grünes Gerüst und markante Blickpunkte; da sie viel Platz einnehmen, braucht man nur wenige Exemplare.
- Wählen Sie stets Pflanzen unterschiedlicher Größe und Struktur, dann fällt Ihre geringe Zahl nicht auf. Jedes Exemplar muss seinen Standort beherrschen.
- Achten Sie auch auf einige gute Blattpflanzen. Sie decken den Boden effektiv ab und sehen langfristig besser aus als Blumen. Auf den Seiten 90–91 finden Sie einige Vorschläge für pflegeleichte Blattpflanzen.
- Obwohl sie als langweilig gelten, können auch Nadelbäume die Gerüststruktur eines Beetes bestimmen; sie decken den Boden ab und unterdrücken Unkräuter. Wählen Sie Koniferen in unterschiedlichen Farben und Formen und setzen Sie Laub abwerfende Sträucher dazwischen, die zu anderen Jahreszeiten für Abwechslung sorgen.
- Arrangieren Sie die Pflanzen, wo immer möglich, in weiten Schwüngen, da gleiche Pflanzen auch die gleiche Pflege erfordern. Viele Stauden lassen sich in solchen Gruppen pflanzen und wirken dann umso attraktiver.
- Sorgen Sie mit Ziergräsern für Höhe, Struktur, Farbe und, je nach Jahreszeit, für interessante Blickpunkte. Gräser brauchen keine Pflege, wirken im großen Maßstab aber äußerst beeindruckend.
- Vergessen Sie nicht immergrüne Bäume, Sträucher und Stauden, die vor allem im Winter das Rückgrat des Beetes bilden.

◄ ***Kaufen Sie nur Pflanzen, die mit den Bedingungen in Ihrem Garten zurechtkommen. Diese Agave muss im Winter an einen kühlen Platz im Haus gestellt werden.***

Die Planung

Sobald Sie sich entschieden haben, welche Art Garten Sie in welchem Stil anlegen wollen, können Sie mit der Planung beginnen. Lassen Sie sich ruhig von den Gärten von Freunden und Bekannten inspirieren, aber denken Sie daran: Sie wollen nicht Stunden damit verbringen, endlose langweilige Arbeiten zu erledigen.

Meiden Sie daher unbedingt folgende Bestandteile:

- Pflaster mit Ritzen, durch die Unkraut wachsen kann,
- Rasenkanten, die geschnitten werden müssen,
- Hecken, die mehrmals pro Jahr geschnitten werden müssen,
- Sträucher, z.B. Rosen, die ausgelichtet werden müssen,
- einjährige Beetpflanzen,
- Pflanzen, die anfällig für Krankheiten sind,
- Pflanzen, die nicht mit dem Boden oder den Bedingungen Ihres Gartens zurechtkommen,
- Laubbäume, deren Äste über Teiche und Kieswege hängen,
- Stauden, die regelmäßig gestützt, geteilt oder von Verblühtem befreit werden müssen,
- wüchsige Pflanzen, die andere rasch überwuchern.

Wenn Ihr jetziger Garten noch einen dieser Bestandteile aufweist, sollten Sie sich ernsthaft vornehmen, diesen zu entfernen. Grenzt Ihr Rasen an ein Beet? Legen Sie eine feste Rasenkante aus Ziegel- oder Pflastersteinen, damit das Mähen leichter von der Hand geht (siehe S. 132–133). Haben Sie große Beete mit vielen Sommerblumen? Pflanzen Sie stattdessen verlässliche Bodendecker (siehe S. 84–85) oder schlagen Sie bei den Ideen für „unkomplizierte Rabatten“ nach (siehe S. 80–81). Wenn Sie Ihren neuen Gartenplan aufzeichnen, befolgen Sie die „Goldenen Regeln“ des pflegeleichten Gärtnerns:

- Verkleinern Sie die Pflanzflächen.
- Legen Sie so viel Pflaster, Holzdecks oder Kies wie möglich.
- Wenn Sie nicht auf Rasen verzichten wollen, säumen Sie ihn mit einer festen Rasenkante.
- Vermeiden Sie unbedingt nackte Erde; verwenden Sie Mulch oder Bodendecker.
- Verzichten Sie unbedingt auf schnellwüchsige Hecken.
- Wählen Sie verlässliche, pflegeleichte Pflanzen aus, die sich in Ihrem Garten wohl fühlen.

▲ Dieser Stadtgarten wird von einem pflegeleichten Pflaster dominiert; es gibt keinen Rasen, sondern nur ein schmales bepflanztes Beet.

▶ Der Sitzplatz in diesem kleinen, schattigen Garten dient ganz der Ruhe und Entspannung. Holzdeck und Kissen sorgen für die notwendige Farbe.

Die Planzeichnung

Vielleicht halten Sie einen Plan für langweilig und unnötig, aber er bietet Ihnen den besten Überblick über das, was Sie haben und was Sie wollen. Ein Entwurf dauert nicht lange, und obwohl es sinnvoll ist, ihn maßstabsgerecht zu zeichnen, kommt es nicht auf künstlerische Fähigkeiten an – zeichnen Sie einfach vorhandene Bäume und Wege ein.

1 Zeichnen Sie einen Plan des bestehenden Gartens, in dem die Standorte aller Bäume, Wege, Grenzen und Terrassen eingetragen sind.

2 Studieren Sie diesen Plan gründlich. Er zeigt Ihnen, wie viel Platz zur Verfügung steht und wie die zeitaufwändigen Bestandteile Ihres Gartens optimal umgestaltet werden können.

3 Stellen Sie Ihre Wünsche aus der Liste auf Seite 17 zusammen. Einiges werden Sie haben, andere Elemente brauchen oder wünschen Sie sich noch. Entscheiden Sie sich für mehr als einen Oberflächentyp, damit Ihr Garten interessanter und kontrastreicher wird.

4 Spielen Sie auf dem Plan verschiedene Möglichkeiten durch; probieren Sie aus, welche neuen Bestandteile die zeitraubenden alten ersetzen könnten.

5 Wenn der Plan fertig ist, sollten Sie noch einmal Ihre Antworten auf der Checkliste von Seite 13 nachschlagen. Schätzen Sie ab, wie viel Zeit Sie für die Pflege der einzelnen Elemente brauchen werden. Deckt sich das Ergebnis mit Ihrer verfügbaren freien Zeit? Wenn nicht, müssen Sie eines oder mehrere der zeitaufwändigen Elemente gegen ein pflegeleichtes austauschen.

Sonne und Schatten

Die Verteilung von Sonnen- und Schattenflächen gehört zu den wichtigsten Eigenschaften eines Gartens. Das gilt nicht nur für Terrasse und Sitzplätze – die meisten Menschen sitzen gelegentlich gerne in der Sonne –, sondern ebenso für die Pflanzen. Eine Reihe hübscher Pflanzen gedeiht auch im Schatten, obwohl die Auswahl an pflegeleichten Pflanzen für sonnige Stellen natürlich größer ist. Beachten Sie bitte, dass sich die sonnigen und schattigen Flächen mit dem Gang der Sonne verschieben.

5 Arbeiten, die Sie meiden sollten

Achten Sie beim Zeichnen Ihres Planes auf die folgenden fünf zeitaufwändigen Arbeiten. Verzichten Sie, wo immer möglich, auf Gartenelemente, die eine dieser Arbeiten erforderlich machen:

- Jäten
- Hecken schneiden
- Rasenkanten schneiden
- Umgraben
- Auslichten

Checkliste Pflegeaufwand

Sobald der Entwurf für den neuen Garten fertig gezeichnet ist, stellen Sie sich noch einmal folgende Fragen, um zu überprüfen, ob Sie an alles gedacht haben:

- Führen die Wege direkt zu den wichtigen Bereichen wie Schuppen oder Komposthaufen?
- Gibt es Hindernisse im Rasen, die das Mähen erschweren?
- Wird die Terrasse zumindest zeitweilig von der Sonne beschienen?
- Sind die Wege breit genug für Schubkarre und Kinderwagen?
- Ist der gepflasterte Bereich groß genug für Tisch und Stühle oder was Sie sonst noch planen?
- Gibt es Bäume mit überhängenden Ästen, deren Blätter in den Teich oder auf Kies fallen könnten?
- Bleibt Platz für Wäscheleine, Werkzeugschuppen, Mülltonnen oder einen Unterstand für die Gartenmöbel?

Begrenzungen gestalten

Jeder Garten braucht eine Abschirmung, die Sicherheit und Privatsphäre gewährleistet. Dabei stehen Mauern, Hecken und Zäune zur Auswahl, wobei Mauern und Zäune den geringsten Pflegeaufwand erfordern. Allerdings stellen pflegeleichte Hecken immer noch die erste Wahl dar, wenn es darum geht, den Lärm von Nachbarn oder einer Straße zu dämpfen.
Es geht aber nicht nur um die äußere Abgrenzung, sondern auch um die innere Gliederung Ihres Gartens, in dem vertikale Elemente als Raumteiler, Blickpunkte und Rankhilfen für Kletterpflanzen dienen.

▲ *Stein ist immer noch das ideale Material für niedrige Mauern um Hochbeete oder als Stützmauer für gestufte Terrassen, da er im Kontakt mit feuchter Erde keinerlei Schaden nimmt.*

Welche Begrenzung?

Eine gute Begrenzung bildet den Hintergrund des Gartens, sie hält das Design zusammen und unterstreicht die Wirkung von Pflanzen und Gartenelementen. Behandeln Sie Mauern, Hecken und Zäune als integralen Bestandteil des Gartens, denn sie können einen interessanten und farbigen Akzent setzen.

Fast alle Gärten werden von einer Begrenzung umgeben. Sollten Sie bereits eine stabile Mauer oder einen Zaun besitzen, machen Sie das Beste daraus. Falls erforderlich, kann man diese pflegeleichten Begrenzungen attraktiver gestalten.

Mauern

Mauern aus Beton-, Ziegel- oder Natursteinen sind gewöhnlich teuer, vor allem, wenn sie als äußere Grenze höher ausgeführt sein müssen. Allerdings gibt es sehr hübsche Mauern, und da sie fast unbegrenzt halten, stellen sie die Ideallösung für einen Gärtner mit wenig Zeit dar. Schätzen Sie sich also glücklich, wenn Ihr Garten bereits von einer Mauer umgeben ist. Ihre Wirkung lässt sich durch Pflanzen oder dekorative Accessoires (siehe S. 59) sogar noch verbessern. Wenn Sie eine neue Mauer bauen wollen, denken Sie sorgfältig über das Material nach: Es wird eine große Sichtfläche bieten und sehr lange Bestand haben. Die beste – und teuerste – Lösung sind Natursteine und Ziegel von guter Qualität, der Handel bietet aber auch preiswertere Ziegel oder Betonformsteine an. Erkundigen Sie sich auch bei der Stadtverwaltung nach eventuellen Einschränkungen in der Höhe und ziehen Sie bei Mauern, die höher werden als 1 m, unbedingt einen Fachmann zu Rate.

Begrenzung – Vor- und Nachteile

••• keine Pflege •• wenig Pflege • leichte Pflege

Art der Begrenzung	Vorteile	Nachteile	Tipps
Mauer •••	Bietet sofortigen Schutz Schützt die Pflanzen Lange haltbar	Teuer Natürliches, belaubtes Aussehen Dämpft den Schall	Wählen Sie glatte Ziegel- oder Natursteine in einem klassischen, zeitlosen Design
Holzzaun ••	Bietet sofortigen Schutz Relativ preiswert	Muss gelegentlich erneuert werden Kann sich unattraktiv verfärben	Verwenden Sie druckimprägniertes Holz
Gitter ••	Preiswert Nicht so massiver Raumteiler Rankhilfe für Pflanzen	Muss gelegentlich erneuert werden Ungeeignet als äußere Begrenzung	Verwenden Sie druckimprägniertes Holz
Hecke •	Natürliches, belaubtes Aussehen Dämpft den Schall	Muss mindestens einmal jährlich geschnitten werden Braucht Zeit zum Wachsen	Verwenden Sie langsam wachsende Sträucher für eine lockere Hecke

Stilistische Lösungen für Mauern

- Je nachdem, welchen Ton die Ziegelei verwendet hat, erhalten die gebrannten Ziegel eine unterschiedliche Farbe. Da es zudem innerhalb des Farbtones vielfältige Nuancen gibt, entstehen Mauern mit interessanten wechselnden Farben. Im Idealfall passen die Ziegel des Hauses und der Mauer zusammen. Ziegel lassen sich einfach verlegen und eignen sich auch für Bögen, Hochbeete, Teiche, Terrassen und Grillplätze.
- Mauern aus Natursteinen können bis zu einer Höhe von 1,80 m errichtet werden und stellen dann stabile, markante Bauwerke dar. Am schönsten wirken sie, wenn der Stein der Gegend verwendet wird – im Idealfall wurde auch das Haus daraus erbaut. Natursteine werden wie Ziegel mit Mörtel verbaut. Eine Natursteinmauer ist stets teuer, kann aber wundervoll aussehen, vor allem wenn in ihren Ritzen kleine Pflanzen wachsen.
- Trockenmauern sind in der Regel niedriger. Sie passen perfekt in ländliche Gärten, wo die Steine natürlicherweise vorkommen. In Stadtgärten können sie fehl am Platz sein. Der Bau stabiler Trockenmauern ist nicht einfach; übertragen Sie die Arbeit besser einem Fachmann.
- Mauern aus Betonsteinen können gleichförmig glatt oder in Mustern errichtet werden. Beton ist preiswert, einfach zu verarbeiten und kann – bei rohem Stein – verputzt oder angestrichen werden. Betonmauern fügen sich perfekt in einen modernen Garten ein und lassen sich in verschiedenen Varianten gestalten.

▶ ***Diese glatte Wand wurde lebhaft blau angestrichen und erscheint nun als Blickfang. Die Dekoration aus Ziegeln, Mosaiken und Kübelpflanzen sorgt für zusätzlichen Reiz.***

Zäune, Gitter und Sichtschutz

Zäune, Gitter und Sichtschutzelemente lassen sich relativ rasch und preiswert errichten, zudem dienen sie unmittelbar und meist effektiv als Grenze oder Raumteiler. Der Handel bietet viele Materialien und Stile an, daher dürften Sie leicht etwas Passendes für Ihren Garten finden.

Wie immer, wenn Holzbauteile im Freien verwendet werden, kommt es auf gute Verarbeitung an. Billige Zäune sehen auch billig aus und werden rasch verrotten. Geben Sie Ihr Geld für das bestmögliche Material aus, das Sie sich leisten können, und streichen Sie es mit Holzschutzfarbe an.

Anders als stabile Zäune eignen sich Gitter zwar kaum für die Abgrenzung nach außen, geben aber hervorragende Raumteiler im Garten ab – sie verbergen und erlauben dennoch Durchblicke. Außerdem kann man mit einem Gitter Zäune erhöhen, ohne dass die Begrenzung zu wuchtig erscheint. Gitterwerk lässt sich aber auch an Mauern befestigen und bietet Kletterpflanzen sicheren Halt.

▲ Die dünnen Bambusstäbe grenzen diesen zwanglosen Garten sehr dekorativ ab. Die robusten waagerechten Balken betonen die zierlichen Senkrechten.

▶ Von Kletterpflanzen überwucherte Gitter bilden einen dichten Sichtschutz. Da der Wilde Wein seine Blätter im Winter abwirft, sollten Sie sich für eine immergrüne Pflanze entscheiden, wenn ganzjähriger Sichtschutz gewünscht wird.

Dauerhaftigkeit

Qualitativ hochwertiges Holz verlängert die Lebensdauer von Zäunen oder Sichtschirmen; kaufen Sie daher nur kesseldruckimprägniertes Holz. Entscheiden Sie sich möglichst für Hartholz in guter Qualität. Weichholz muss einmal jährlich mit Holzschutzfarbe angestrichen werden, um vor Wetter, Fäulnis und Schädlingen geschützt zu sein.

Der richtige Zauntyp

- Lamellenzäune sind aus 1,80 m breiten und 0,90–1,80 m hohen Elementen zusammengesetzt, die aus dünnen, verflochtenen Holzstreifen in festen Rahmen bestehen. Man verwendet sie am besten als unauffälligen, gleichförmigen Hintergrund. Kaufen Sie möglichst keine billigen, knallig gefärbten Elemente bzw. streichen Sie sie zumindest dunkelbraun oder -grün an, damit sie sich besser einfügen.
- Dichtzäune sind ähnlich aufgebaut, bestehen aber aus massiven Brettern, die an einen Rahmen genagelt sind. Sie bilden starke und stabile Begrenzungen. Dichtzäune sind gewöhnlich teurer als Lamellenzäune, lassen sich aber besser an abfallendes Gelände, Bäume und andere Hindernisse anpassen.
- Die meist niedrigen Lattenzäune fügen sich wunderbar in Bauerngärten ein. Sie bestehen aus senkrechten Brettern, die mit Zwischenräumen an waagerechte Planken genagelt sind. Am besten verwendet man sie als innere Abgrenzungen oder für einen Vorgarten, in dem es nicht so sehr auf Abgeschlossenheit ankommt.
- Ranchzäune sind zwar recht preiswert und leicht zu erbauen, bilden aber eher informelle Grenzen, ohne Schutz oder Abgeschlossenheit zu gewährleisten. Sie eignen sich für Gärten auf dem Land, wo man sich den Blick nicht verstellen möchte.
- Aus Bambusstäben lassen sich stabile Sichtschirme errichten, wobei dünne, eng zusammengebundene Stäbe als Elemente, dickere Stäbe für offene Zäune verwendet werden. Bambus kann man senkrecht oder waagerecht verarbeiten.

▲ ***Aus kräftigen Bambusstäben lassen sich attraktive und stabile Zäune erbauen, die in moderne, formale oder orientalische Gärten passen.***

- Klassische Flechtzäune aus Weiden- oder Haselnusszweigen werden immer beliebter. Man kann sie als natürlich wirkenden Grenzzaun oder für die Binnengliederung einsetzen. Werden sie aus starken Zweigen geflochten, halten sie mindestens zehn Jahre.
- Gitter werden gewöhnlich in Form von Elementen aus waagerechten und senkrechten Leisten angeboten; daneben gibt es auch andere Muster. Da sie dank Ihrer offenen Struktur Durchblicke erlauben, eignen sie sich besser als Raumteiler im Garten als für eine äußere Begrenzung. Mit Kletterpflanzen bewachsene Gitter wirken dichter.

Auswahl eines Zaunes

Art des Zauns	Sichtschutz	Aussehen	Rankhilfe für Pflanzen	Haltbarkeit
Lamellenzaun	sehr gut	nicht schlecht	gut	gut
Dichtzaun	sehr gut	nicht schlecht	gut	gut
Lattenzaun	nicht viel	sehr gut	nur kleine Pflanzen	gut
Ranchzaun	keiner	nicht schlecht	keine	gut
Bambus	gut	gut	nicht gut	nicht gut
Flechtzaun	sehr gut	sehr gut	gut	nicht schlecht
Gitter	nicht viel	gut	sehr gut	nicht schlecht

Hecken

Obwohl Hecken sicher die arbeitsintensivste Form der Abgrenzung darstellen, bieten sie eine Reihe von unbestreitbaren Vorteilen. Hecken schlucken viel mehr Schall als Zäune, filtern den Schmutz, der von einer befahrenen Straße hochweht, und sorgen für einen natürlichen Hintergrund aus Blättern. Es lässt sich zwar nicht bestreiten, dass Hecken regelmäßig geschnitten werden müssen, mit einer langsam wachsenden, immergrünen Hecke oder einer lockeren Hecke aus Einzelsträuchern – sie bilden sogar Blüten aus – kann man diese Arbeit jedoch auf einmal pro Jahr reduzieren.

Sollten Sie bereits eine schnell wachsende Hecke besitzen, müssen Sie sich damit abfinden, sie entweder mehrmals zu schneiden oder sie gegen etwas anderes auszutauschen. Treffen Sie eine sorgfältige Wahl, immerhin dauert es Jahre, bis sich eine Hecke etabliert hat.

Meiden Sie jedoch unbedingt die schnellwüchsige Lawson-Zypresse (*Chamaecyparis lawsoniana*) oder – noch schlimmer – die Leylandzypresse (x *Cupressocyparis leylandii*), die mindestens dreimal pro Saison geschnitten werden müssen. Sogar Liguster (*Ligustrum ovalifolium*) braucht zwei Schnitte pro Jahr, wenn er ordentlich aussehen soll. Ungeeignet für besonders lange Hecken sind Laubsträucher wie die Portugiesische Lorbeerkirsche (*Prunus lusitanica*), die man nicht gut mit einer elektrischen Heckenschere schneiden kann.

Die 10 besten Heckenpflanzen

	Formal/ Locker	Immergrün/ Laub abwerfend	Schnittzeit	Eigenschaften
Berberis darwinii (Sauerdorn)	L	I	nach der Blüte im Spätfrühling	glänzende Blätter, orange Blüten
Carpinus betulus (Hainbuche)	F	L	Hoch- bis Spätsommer	ähnelt der Rotbuche
Crataegus monogyna (Weißdorn)	L	L	Winter	weiße Blüten, dornige Zweige
Escallonia (Eskallonie)	L	I	nach der Blüte im Sommer	rote oder rosa Blüten
Fagus sylvatica (Rotbuche)	F	L	Spätsommer	im Winter bleiben braune Blätter hängen
Ilex aquifolium (Stechpalme)	F	I	Spätsommer	grüne oder panaschierte Blätter, rote Beeren
Pyracantha rogersiana (Feuerdorn)	L	I	nach der Frucht	weiße Blüten, orangerote Beeren
Rosa rugosa (Kartoffelrose)	L	I	Frühling	große, rosa Blüten; rote Hagebutten
Taxus baccata (Eibe)	F	I	Sommer	dichter, dunkelgrüner Sichtschirm
Thuja plicata (Riesenthuja)	F	I	Frühling	langsam wachsender Nadelbaum

Zeit sparen

- Wählen Sie geeignete Heckenpflanzen, um den Pflegeaufwand zu minimieren.
- Arbeiten Sie mit einer elektrischen oder Motorheckenschere. Diese Ausgabe zahlt sich aus, selbst wenn die Arbeit nur einmal pro Jahr anfällt. Wenn Sie das Gerät nicht kaufen wollen, leihen Sie sich eine Schere, wenn sie gebraucht wird.
- Pflanzen Sie Bodendecker oder streuen Sie eine dicke Mulchdecke aus, denn Jäten unter einer Hecke kostet Zeit.
- Halten Sie sich den Zugang zur Hecke frei. Es schneidet sich leichter, wenn der Weg nicht von Pflanzen versperrt wird.

Pflegeplan für Hecken

Wenn Sie sich für eine Heckenpflanze entschieden haben, gehen Sie nach folgendem Pflegeplan vor:

- Schneiden Sie einmal pro Jahr, damit die Form erhalten bleibt.
- Düngen Sie einmal pro Jahr, damit die Hecke gesund bleibt. Streuen Sie einen Langzeitdünger aus und harken Sie ihn leicht ein.
- Bis sich die Hecke etabliert hat, muss sie bei heißem Wetter gründlich gegossen werden. Dringt das Wasser nur oberflächlich ein, bleiben die Wurzeln flach, und die Hecke kann vertrocknen.

Kübelpflanzen – Hecken mit Sofortwirkung

Damit eine Hecke von Beginn an gut wächst, muss man den Boden sorgfältig vorbereiten. Wenn Sie diese Arbeit scheuen, sollten Sie Ihre Hecke in Kübeln pflanzen. Sie wird sich zwar kaum als äußere Begrenzung eignen, gibt aber eine hübsche innere Hecke oder Raumteiler ab. Ihr Wachstum wird nur durch die Größe der Kübel limitiert. Stellen Sie eine Reihe von Kübeln in der richtigen Größe für die gewünschten Pflanzen auf und füllen Sie Blumen- und Gartenerde ein. Sind die Sträucher eingepflanzt, werden die Kübel in gleichen Abständen arrangiert. Lavendel (*Lavandula*), Buchsbaum (*Buxus*), Heiligenkraut (*Santolina*) oder die Heckenpflanzen auf der Vorseite lassen sich im Kübel ziehen. Decken Sie die Kübel mit einer Mulchschicht ab – sie hält die Feuchte zurück – und schneiden Sie die Pflanzen in Form.

▼ ***Lavendel gibt eine hübsche, duftende Hecke ab.***

Oberflächen gestalten

In den meisten Gärten sind Terrassen, Wege und Decks auf eine geringe Fläche beschränkt. Dabei bilden diese festen Oberflächen einen sicheren, trockenen Platz, um im Freien zu essen und zu grillen, ein Sonnenbad zu nehmen, zu entspannen und seinen Hobbys zu frönen – sicher fallen Ihnen noch mehr Nutzungsmöglichkeiten ein. Außerdem vereinfachen feste Oberflächen das Design eines pflegeleichten Gartens, weil es weniger „Garten" gibt, um den man sich kümmern muss. Große Deck- oder Pflasterflächen müssen nicht langweilig sein: Sorgen Sie für abwechslungsreiche Muster und fügen Sie Hochbeete, eine Bank oder einige große, gut platzierte Kübelpflanzen hinzu.

Welche Oberflächen?

Da Terrassen, Wege und Decks gewöhnlich an zentraler Stelle des Gartens angelegt werden, sollten Sie bereits in einer frühen Phase der Planung über das Material und seine Verlegung nachdenken. Manche Oberflächen wie Steinplatten sind zwar schwieriger zu verlegen, brauchen danach aber keine Pflege mehr. Am anderen Ende der Skala steht der Rasen, den man zwar recht preiswert und leicht anlegen kann, der aber permanente Aufmerksamkeit verlangt. Sicher wird Ihre Auswahl vor allem vom Stil des Gartens und von Ihrem Budget abhängen, ziehen Sie aber dennoch die nächsten Seiten zu Rate, um sich unnötige Arbeit zu sparen.

▲ Aus Ziegelsteinen lassen sich wunderbare und haltbare Wege herstellen. Ziegel werden in vielen Farben angeboten und können in unterschiedlichen Mustern verlegt werden

Wege

Die Wege innerhalb eines Gartens können aus denselben Materialien wie die größeren festen Flächen bestehen. Versuchen Sie stets, Wege und Terrassen bzw. Sitzplätze mit demselben oder einem passenden Oberflächenmaterial zu gestalten, damit das Gartenbild einheitlich wirkt.

Mit Kies oder Mulch bedeckte Wege brauchen eine Randbegrenzung, sonst verteilt sich das Material zu stark. An einer Grenze zum Rasen löst eine Rasenkante aus Ziegeln oder Holz das Problem; verläuft der Weg neben einem Staudenbeet, können Sie aus einem recht großen und dekorativen Angebot an Begrenzungen auswählen.

Die 5 besten pflegeleichten Oberflächen

Die festen Oberflächen in einem pflegeleichten Garten sollten aus einem oder mehreren dieser Materialien bestehen. Durch Kombinationen vermeiden Sie langweilige, eintönige Flächen.

- Steinplatten
- Ziegelsteine oder Klinker
- Beton
- Hartholzdeck
- Kies auf einer Unkraut unterdrückenden Folie

▲ ***Dieser farbige Weg schlängelt sich fast wie ein Fluss durch die Pflanzen und wird so zu einem eigenen Zierelement.***

Feste Oberflächen

●●● keine Pflege ●● wenig Pflege ● leichte Pflege

Material	Vorteile	Nachteile	Tipps
Steinplatten ●●●	Keine Pflege nötig Dauerhaft Naturstein ist attraktiv	Teuer und schwer zu verlegen Kunststeine können kitschig aussehen	Natürliche Farben wirken besonders angenehm
Ziegel und Klinker ●●●	Keine Pflege nötig Dauerhaft und attraktiv	Kompliziert zu verlegen Kann teuer sein	Kaufen Sie nur frostfeste Ziegel
Beton ●●●	Preiswert und leicht zu verlegen Keine Pflege nötig Dauerhaft, passt uberall hin	Kann schlicht und langweilig aussehen Nur für kleine Flächen	Rauen Sie die Oberfläche kurz vor dem Trocknen auf
Kies ●●	Preiswert und leicht zu verlegen In vielen Farben und Korngrößen erhältlich Schreckt Einbrecher ab	Muss gelegentlich ergänzt und gerecht werden Unkraut kann Fuß fassen	Legen Sie eine Begrenzung an, um den Kies festzuhalten Legen Sie eine Unkraut unterdrückende Folie darunter
Rindenmulch ●●	Weiche Oberfläche für Kinder	Kann teuer sein Muss gelegentlich ergänzt werden	Legen Sie eine Begrenzung an, um den Mulch festzuhalten Legen Sie eine Unkraut unterdrückende Folie darunter
Holzdecks ●●	Kann schiefes oder unebenes Terrain überdecken Recht lange haltbar Wenig Pflege erforderlich	Relativ teuer Muss nach einiger Zeit erneuert werden	Verwenden Sie druckimprägniertes Hartholz
Gras ●	Sieht natürlich aus Weiche Oberfläche für Kinder Preiswert und leicht anzulegen	Muss regelmäßig gemäht werden Im Winter nicht nutzbar	Entscheiden Sie sich für eine pflegeleichte Grasmischung

Beton

Obwohl Beton als langweilig gilt, kann man mit ihm durchaus lebendige, attraktive Oberflächen gestalten. Er kann in jede Form gegossen werden, ist sehr flexibel in der Gestaltung und äußerst widerstandsfähig. Das Aussehen der Oberfläche richtet sich nach der Korngröße des Zuschlags, daher lassen sich vielfältige Effekte erzeugen. Sie können die Oberfläche glatt trocknen lassen oder mit einer Bürste bis auf den Kies aufrauen. Besonders für moderne Gärten bietet sich farbiger Beton an, den man mit speziellen Farbstoffen erzeugt.

▲ ***Pflasterung eignet sich für Wege und Terrassen. Die meisten Platten sind quadratisch, man findet aber auch rechteckige Formen, die sich abwechslungsreicher verlegen lassen.***

Pflasterung

Man kann Pflaster aus Natur-, Ziegel-, Kunststeinen oder Klinkern verlegen. Pflaster ist sehr dauerhaft und hält, sofern fachmännisch verlegt, fast unbegrenzt. Zwar kann das Material sehr teuer sein und lässt sich nicht leicht verlegen, dafür braucht das fertige Pflaster keine Pflege mehr. Bedenken Sie bei der Planung, dass gleichförmige, große Flächen nichtssagend wirken. Versuchen Sie durch abwechslungsreiche Oberflächengestaltung Spannung zu erzeugen; auf den Seiten 44–45 finden Sie einige attraktive Muster.

Zeit sparen durch Pflasterung

- Wenn Sie die Platten auf einer Unterlage aus festgestampftem Schotter verlegen, wird das Pflaster über Jahre stabil bleiben.
- Verschließen Sie die Fugen zwischen den Platten mit Mörtel, damit kein Unkraut durchdringen kann. Alternativ können Sie auch kriechende Pflanzen in die Fugen setzen, um das Unkraut zu unterdrücken und die harten Linien aufzubrechen.
- Legen Sie kein Pflaster unter Laub abwerfende Bäume, dann sparen Sie sich das Zusammenrechen des Herbstlaubes.
- Entscheiden Sie sich stets für frostfestes Material, um die Zeit für Reparaturen zu sparen.
- Verlegen Sie die Platten mit leichtem Gefälle, damit das Regenwasser abfließen kann.

Holzdecks

Holz ist ein sehr vielseitiges Material, das sich zu Oberflächen in allen Formen verarbeiten lässt – ein ideales Gestaltungselement. Auf Holz läuft man warm und angenehm, und ein fachmännisch verlegtes Deck hält viele Jahre. Da Holz leicht und einfach zu verlegen ist, eignet es sich wunderbar für Dachgärten und Balkone, aber auch für unebene Böden. Ohne den Grund aufwändig nivellieren zu müssen, kann man die Unterkonstruktion an beliebige Flächen anpassen. Allerdings ist das Holz, insbesondere Hartholz, nicht billig.

Damit ein Deck lange hält, müssen Unterkonstruktion und der Belag aus dauerhaftem Hartholz errichtet werden. Den besten Schutz vor Fäulnis bietet druckimprägniertes Holz. Im Unterschied zu Weichholz, das jährlich mit Holzschutzmittel gestrichen werden muss, reicht bei Hartholz die ursprüngliche Imprägnierung aus. Allerdings sollten Sie beim Kauf darauf bestehen, nur Holz aus nachhaltig bewirtschafteten Plantagen zu erwerben. Verwenden Sie ausschließlich nicht rostende Messing- oder verzinkte Schrauben und Nägel.

Vielfach werden Holzdecks in vorgefertigten Einheiten angeboten (z.B. 60 × 60 cm), die wie Fliesen verarbeitet werden. Man kann sie als Stufen einbauen oder auf eine geeignete Unterkonstruktion schrauben. Solche Einheiten eignen sich perfekt für Dachgärten, da sie ohne Befestigungsschrauben ausgelegt werden können, vorausgesetzt, die Unterlage ist eben.

▲ Da man Holzdecks in beliebigen Farben streichen kann, hier ein kühles Grau-Lila, lassen sich interessante Effekte erzeugen.

◄ Mit Holz kann man edle und doch robuste Wege gestalten. Diese Bretter wurden in einem Diagonalmuster ausgelegt – sehr attraktiv, aber der Zuschnitt kostet Zeit.

Tipps für Holzdecks

- Ein dekoratives Geländer kann die Wirkung eines Essplatzes noch steigern. Bei hoch gelegenen Decks ist es zur Sicherheit ohnehin erforderlich.
- Überdachen Sie ein Deck mit einer Pergola und begrünen Sie die Balken mit Kletterpflanzen oder Wein.
- Passende Hochbeete aus Holz umgeben Decks mit dekorativer Blumenpracht.
- Lassen Sie Lücken in ebenerdigen Decks offen, um Sträucher oder große Stauden einzupflanzen. Decks dürfen auch um Bäume oder lieb gewonnene Sträucher angelegt werden (Herbstlaub!).
- Decks auf zwei Ebenen wirken spannender.
- Holzstufen machen sich gut als Zugang.
- Bauen Sie Sitzgelegenheiten aus demselben Holz ein; kaufen Sie bunte Kissen, die man bei Benutzung ins Freie mitnimmt.

Kies

Als Auflage für Wege oder als Mulch in Beeten ist Kies die ideale, pflegeleichte Lösung, vor allem wenn man eine wasserdurchlässige Folie darunter legt. Durch sie kann Regenwasser in der Erde versickern, während die mehrjährigen Unkräuter nicht durchwachsen können. Da es außerdem den Wurzeln einjähriger Unkräuter nicht gelingt, die Folie von oben zu durchstoßen, kann man sie problemlos entfernen. Um Pflanzen verstreuter Kies hält Feuchtigkeit und Wärme im Boden zurück.

Man bekommt Kies in verschiedenen Korngrößen und Farben, die sich zum Teil im Regen noch verändern. Kies kann einfach aufgebracht und ebenso einfach wieder entfernt werden – etwa zum Gebrauch an anderer Stelle.

Leider beginnt Kies mit der Zeit zu „wandern". Fassen Sie Kiesflächen und -wege daher stets ein, damit die Steinchen nicht auf den Rasen gelangen (sie können eine Gefahr darstellen, wenn sie vom Rasenmäher erfasst werden). Da Kies eine harte Oberfläche bildet, gehört er nicht auf Kinderspielplätze – hier wäre Rinde die bessere Alternative.

◄ Diese groben, grauen Steinschotter heben sich gut von den Nadelbäumen ab und betonen den Blauton Ihrer Nadeln.
▼ Größere Flächen, die mit Kies abgedeckt werden, wirken angenehm und hübsch, vor allem, wenn man eine neutrale Farbe und etwa erbsengroßes Korn wählt.

Welcher Kies?

Kies wird in zahlreichen Farben und Formen angeboten, die sich für jeweils andere Zwecke empfehlen:

- Grober Kies aus Steinschotter (Kalk oder Granit) kann frei ausgestreut werden; er ist in verschiedenen Farben – von Reinweiß über kühles Grau bis zu einem warmen Goldbraun-Ton – erhältlich; auch Schiefer wird als Bruchkies verkauft.
- Feiner Kies aus runden Steinen verschiedener Korngröße eignet sich besser für einen Kinderspielplatz; gewaschener Kies in sehr feiner Korngröße macht sich gut als Abdeckung für Pflanzkübel.
- Der noch feinere Splitt eignet sich nur zur Abdeckung von Beeten oder als Unterlage größerer Kiesflächen.

▶ ***Auf Wegen aus Rindenmulch kann man nicht nur angenehm gehen, sie sehen auch sehr natürlich aus und fügen sich gut in naturnahe Gärten ein.***

Rindenmulch

Rindenmulch ist ein natürliches Material, das einem Garten oder einer Rabatte ein warmes, naturnahes Flair verleiht. Man kann Mulch auf allen Wegen, Sitzplätzen, unter Sträuchern oder auf einem Spielplatz für Kinder ausstreuen.

Natürlich eignen sich Rindenstücke auch als Mulchmaterial für alle Arten von Pflanzen, obwohl sie am besten in einer schattigen Rabatte mit Sträuchern und einigen, ausgewählten Pflanzen – z.B. Farnen und Funkien – aussehen. Da Rindenmulch kein Licht bis zum Boden durchlässt, werden lichtkeimende Unkräuter unterdrückt. Allerdings kommt Mulch nur dann ganz ohne Pflege aus, wenn Sie eine dicke Plastikfolie unterlegen und den Bereich mit Holzbohlen einfassen.

Zwischen Eisenbahnschwellen, als Treppenstufen oder Hochbeetbegrenzung gibt Rindenmulch ein sehr gutes Füllmaterial ab. Als Begrenzung ausgelegte Bohlen müssen mit Holzpflöcken fixiert werden. In einem Mulchweg kann man in gleichem Abstand Baumscheiben als Trittsteine verlegen. Rindenmulch ist auch ein gutes Begleitmaterial für ein Naturholzdeck, auf dem Tisch und Stühle sicheren Halt finden. Schließlich passt Mulch gut zu Holzmöbeln, Pergolen und Bögen.

Welcher Mulch wofür?

- Rindenmulch besteht aus zerkleinerten Rindenstücken in verschiedenen Größen, die auf Beete ausgestreut oder – etwas gröber – als Wegematerial genutzt werden; so genannte „Dekorinde“, z.B. aus Pinie, ist etwas teurer.
- Kompostierte Rinde ist weicher und daher besser für die Bodenverbesserung geeignet, sie sieht aber auch in Strauchbeeten oder unter Bäumen gut aus.
- Eine eher unübliche Mulchvariante sind die Schalen von Kakaofrüchten. Sie sind rötlich-braun und duften angenehm nach Schokolade; Kakaoschalen sind gleichförmiger und deutlich teurer als Rinde.
- Mulch aus geschreddertem Holz, der ebenfalls in verschiedenen Größen von fein bis grob angeboten wird, ist heller gefärbt als Rinde, wird aber genauso eingesetzt. Auch er ist in verschiedenen Größen erhältlich.

ANLEGEN

2

Es gibt zahlreiche unterschiedliche Gartenstile; naturgemäß lassen sich einige davon leichter instand halten als andere. Strauchgärten, Kiesgärten oder Räume im Freien sind beispielsweise wenig pflegeintensiv, da Ihre Wirkung auf verhältnismäßig großen, arbeitssparenden Oberflächen und pflegeleichten Pflanzen beruht. Wer einen pflegeleichten Garten wünscht, muss sich für einen wenig arbeitsintensiven Stil entscheiden, während er andere Gartenformen besser meidet. So kann etwa ein Cottage-Garten mit üppig bepflanzten Beeten nur mit viel Erfahrung und Aufwand in optimalem Zustand gehalten werden.

Obwohl es eine gewisse Zeit, harte Arbeit und gute Planung erfordert, bis Sie Ihren Garten in eine Form überführt haben, die sich mit minimalem Aufwand selbst erhält, kann man schon mit geringfügigen Veränderungen große Wirkung erzielen. Einige dieser Maßnahmen werden in der ersten Hälfte dieses Kapitels vorgestellt. Hier finden Sie eine Reihe von „Sofort-Lösungen" mit unmittelbar sichtbarer Wirkung. Gestalten Sie in großen Gärten mit Maßnahmen dieser Art zunächst einen kleineren Bereich um, um sich dann mit mehr Zeit anderen Aufgaben bzw. Flächen zu widmen.

Im zweiten Teil des Kapitels finden Sie „Angebote von der Stange". Jedes der Projekte wird mit einem einfachen Plan vorgestellt, aus dem Sie ablesen können, wie sich die Vorschläge aus dem Kapitel „Planen" – zusammen mit den Sofort-Lösungen – zu einem Garten mit individuellem Charakter zusammenfügen. Wer einen pflegeleichten Garten anlegt, braucht nicht auf eigenen Stil oder Vorlieben zu verzichten. Die Entwürfe – vom ruhigen Stein- und Kiesgarten, der an einen orientalischen Garten erinnert, bis hin zu einem blattreichen Dschungelgarten – zeigen Möglichkeiten auf, wie man Oberflächen, Begrenzungen und Pflanzpläne mit ganz unterschiedlicher Wirkung zusammenstellt. Passen Sie diese Entwürfe an Ihren eigenen Garten an oder kombinieren Sie verschiedene Tipps aus unterschiedlichen Gärten, bis Sie Ihren ganz persönlichen Stil eines pflegeleichten Gartens gefunden haben.

„Wer einen pflegeleichten Garten anlegt, braucht nicht auf seinen eigenen Stil oder seine Vorlieben zu verzichten."

◄ *Mit Hilfe von Farbe verwandeln Sie einfache Holzzäune und Rankgitter in moderne, elegante Begrenzungen.*

▲ *In diesem schattigen Garten schaffen Pflastersteine und Holzdecks eine natürlich aussehende Oberfläche.*

Einfache Veränderung: Vom zugewachsenen Grundstück zum pflegeleichten Garten

Wenn Sie nicht gerade einen neuen Garten besitzen, den Sie von Grund auf planen können, werden Sie sich mit den Hinterlassenschaften des Vorbesitzers auseinander setzen müssen. Vielleicht war dessen Garten nicht auf arbeitssparendes Design ausgerichtet, vielleicht wurde er genau deswegen auch nicht mehr gepflegt und liegt nun brach. **Pflegeaufwand ●●●**

Vorher

1 unattraktiver Schuppen
2 Staudenbeet
3 Rasen
4 Rosenbeete
5 pflegeintensiver Steingarten
6 kleine gepflasterte Terrasse

In diesem kleinen, schattigen Garten gibt es mehrere unschöne Teilbereiche, die zudem viel Arbeit erfordern. Vor allem die schlecht platzierten Rosenbeete verlangen intensive Pflege. Rosen blühen nicht gut im Schatten, die nackte Erde um sie herum muss gejätet und die Rosen zurückgeschnitten werden. Wenn Sie hieraus einen pflegeleichten Garten machen wollen, müssen Sie zunächst die Rosen entfernen. Auch zwischen den kleinen Pflanzen im Staudenbeet gibt es zu viel nackte Erde. Hier können sich Unkräuter ansiedeln, denen man zwischen den Blumen kaum Herr wird. Das Mähen um das geschwungene Staudenbeet ist zeitaufwändig, und einige der Pflanzen fühlen sich im Schatten nicht wohl.

Auch der Rasen muss ständig überwacht werden, denn Gras wächst nicht gut im Schatten und die vielen Kanten wollen regelmäßig beschnitten werden. Eine weitere Belastung ist der Steingarten, zwischen dessen Pflanzen Sie regelmäßig jäten müssen.

Sparen Sie Zeit

- Wählen Sie Pflanzen, die Sie nicht auslichten müssen. Die neuen Pflanzen müssen sich im Schatten wohl fühlen; achten Sie darauf, einige Immergrüne zu pflanzen, die ganzjährig für Farbe sorgen.
- Breiten Sie unter dem Kies eine Unkraut unterdrückende Folie aus, um das Jäten stark zu reduzieren.
- Kaufen Sie eine Bank guter Qualität, die nicht gleich wieder ersetzt werden muss.
- Füllen Sie die Fugen zwischen den Steinen mit Mörtel aus.

Nachher

Die lila Beize hat den langweiligen braunen Schuppen aufgehellt und lässt den Garten freundlicher erscheinen. Eine blaue Bank am Ende des Gartens dient als Blickpunkt von der Terrasse aus – hier kann man sitzen und den Garten genießen. Eine Plastikfolie unter der dicken Kiesschicht unterdrückt das Unkraut. Die Sträucher, die in Einschnitte der Folie gepflanzt wurden, brauchen kaum Pflege. Die Terrasse wurde erweitert und setzt sich in Form von Platten fort, die als Trittsteine durch den Kies zur Bank führen und als verbindendes Element dienen. Eine der Terrassenplatten wurde entfernt und ein Strauch in die Lücke gepflanzt.

Nach diesen kleinen Veränderungen entfällt das Auslichten und Düngen der Rosen. Sie brauchen sie nicht mehr gegen Sternrußtau zu spritzen und Sie sparen sich das Jäten in Staudenbeet und Steingarten – vom Rasenmähen, Kantenschneiden und der Pflege von Sonnenpflanzen im Schatten ganz zu schweigen.

1 lila gestrichener Schuppen
2 blau gestrichene Gartenbank als Blickpunkt
3 Schatten liebende Blattpflanzen im Kies
4 kleine Pflanzgruppen im Kies
5 Keramikkugeln sorgen für Farbe und Abwechslung
6 Kies auf einer Unkraut unterdrückenden Folie
7 Trittsteine
8 eine Platte wurde entnommen und ein Strauch gepflanzt
9 vergrößerte Terrasse

Holzbeizen

Die Palette der Holzbeizen ist in der letzten Zeit bunter geworden und hat den Garten im Sturm erobert. Nun müssen hässliche braune Schuppen nicht mehr mühselig versteckt oder ein langweiliger Dichtzaun ertragen werden. Mit farbigen Holzschutzmitteln, die zum Teil sogar aufgesprüht werden können, verwandeln Sie öde Schuppen in ein Schmuckstück, auf das Sie stolz sein dürfen; mit Farbe wird auch jeder Zaun zu einem attraktiven Hintergrund für ein Staudenbeet, der die Wirkung der Blumen steigert und sie optimal zur Geltung bringt. Dann haben Sie sogar Farbe im Garten, wenn nichts mehr blüht.

Die Wahl der Farbe wird ganz maßgeblich den Stil und Charakter des Gartens bestimmen. Es hängt von der Umgebung ab, wie weit Sie gehen können, denn in naturnahen Gärten sind Schockfarben fehl am Platze. In einem städtischen Garten – vor allem mit Pflaster und Holzdecks – dürfen Sie Ihre Kreativität frei spielen lassen.

▲ *Man kann einen Zweckbau wie diesen Schuppen zwar nicht verstecken, ihn aber durch einen Anstrich in einen Blickfang verwandeln.*

Einfache Veränderung: Vom langweiligen Grundstück zum pflegeleichten Garten

Die Schattenseite wird in diesem schwierigen, lang gestreckten Garten durch ein schmales Blumenbeet und die abknickende Terrasse mit unregelmäßiger Natursteinpflasterung noch betont.
In den meisten Gärten gibt es Bestandteile, die es zu erhalten lohnt – denken Sie daher gut nach, bevor Sie alles entfernen. Sonst stehen Sie vor einem nackten Grundstück ohne prägende Elemente. Vielleicht können Sie einige Dinge auch in veränderter Form in das neue Design integrieren. Dazu gehören vor allem schöne Bäume und Sträucher, die jahrelang brauchen, bis sie sich etablieren – sie sollten nur entfernt werden, wenn es gute Gründe dafür gibt. **Pflegeaufwand •••**

Vorher

Neben den schmalen Blumenbeeten entlang den beiden Längsmauern leidet der Garten unter der Querteilung durch eine schnell wachsende Hecke. Sie soll den Schuppen und das Gemüsebeet abschirmen. Damit das Gras nicht in die Blumenbeete wächst, müssen die Kanten nach jedem Mähen gesäubert werden. Die Terrasse ist zu klein für Tisch und Stühle, und in jedem Fall wird die Natursteinpflasterung uneben sein. Zwischen die Steine, die den Teich umgeben, können Gras und Unkräuter einwachsen, während das hinter den Teich gequetschte Blumenbeet völlig unzugänglich ist.

*1 **Schuppen – größer als nötig***
*2 **Gemüsebeet mit nackter Erde zwischen den Pflanzen***
*3 **Tor***
*4 **schnell wachsende Hecke***
*5 **Blumenbeet***
*6 **Rasen***
*7 **langes Blumenbeet***
*8 **unregelmäßiges Natursteinpflaster***
*9 **Teich***
*10 **unzugängliches Blumenbeet***

Nachher

Zunächst wurde die Terrasse vergrößert und mit einem Holzdeck belegt. Damit entstand nicht nur eine große ebene Fläche, die unschöne Ecken vermeidet, sondern auch der schmale Bereich neben dem Haus wirkt nun größer. Am Teich wurde das Deck so zurechtgesägt, dass es über die Wasserfläche reicht. Statt der schmalen, langen Blumenbeete wachsen nun Kletterpflanzen in Kübeln an Rankgittern empor, sodass der Raum weniger statisch erscheint. Das aus Ziegeln gemauerte Hochbeet bildet eine pflegeleichte Alternative, Gemüse anzupflanzen. Es wird, wie das neue, kleinere Gartenhaus, durch ein Rankgitter mit Kletterpflanzen abgeschirmt. Um das Mähen zu erleichtern, wird die Rasenfläche vollständig von den gleichen Ziegeln eingefasst, aus denen auch das Hochbeet besteht. Anstelle des Gemüsegartens bedecken nun Kiesel, die auf einer Unkraut unterdrückenden Folie liegen, den hinteren Teil des Gartens; dazwischen wurden einige markante Pflanzen gesetzt. Leicht zu pflegende Sträucher und Stauden wachsen so dicht in den Beeten, dass kein Unkraut hochkommt.

Durch diese Veränderungen entstand ein pflegeleichter Garten, in dem nicht mehr gejätet, keine Blumen zurückgeschnitten und keine Rasenkanten gepflegt werden müssen. Das schweißtreibende Graben im Gemüsebeet entfällt ebenso wie das Jäten und Grasschneiden zwischen den Steinen am Teich, das mühselige Auslichten von Sräuchern oder die Pflege der Beetpflanzen, die auf Ihrem schmalen Streifen gegen den tiefen Schatten ankämpften.

1 Hochbeet aus Ziegelsteinen
2 Kies über einer Unkraut unterdrückenden Folie
3 Gartenhaus für die Geräte
4 markante Blattpflanzen und Gräser im Kies
5 Rankgitter mit bunten Kletterpflanzen
6 Rasen, eingefasst mit Ziegelsteinen
7 kleines Beet mit leicht zu pflegenden Pflanzen
8 Kübel mit Blattpflanzen
9 große Terrasse, Hartholzdeck
10 Teich
11 Kletterpflanzen, schattenverträglich

▶ *Holzdecks und Wasser passen gut zusammen. Allerdings sollten Sie einige Wasserpflanzen einsetzen, um die harten Linien zu brechen.*

Sofort-Lösung: Vom Rasen zum Pflaster

Eine ebene, feste Fläche am Haus wertet fast jeden Garten auf. Es ist nicht schwierig, einen bestehenden Rasen oder Teile davon mit Platten zu belegen, dafür spart man später viel Zeit und Mühe bei der Rasenpflege ein.

Sicher käme man auch ohne eine gepflasterte Fläche aus, aber es ist auf jeden Fall besser, auf den Rasen zu verzichten. Vor allem in kleinen, schattigen Gärten dünnt der Rasen oft aus und bekommt kahle Stellen, die sich durch dauernde Benutzung noch ausdehnen. Pflaster ist stabil, wetterfest und muss weder gemäht noch an den Kanten beschnitten oder gedüngt werden. **Pflegeaufwand ●●●**

▲ ***Pflanzen, die in Lücken wachsen dürfen, tragen sehr zur Belebung einer gepflasterten Fläche bei. Diese hübschen Glockenblumen unterdrücken aufkeimendes Unkraut.***

Lücken bepflanzen

Wenn Sie keine gleichförmigen, nüchternen Oberflächen mögen, dann füllen Sie die Lücken zwischen den Steinen nicht mit Mörtel, sondern mit Pflanzen. Dazu wird eine Mischung aus Sand und gesiebter Erde zwischen die Platten gefüllt. Kleine, kriechende Pflanzen brechen die strengen Linien und lassen kein Unkraut durch. Gut geeignet sind Feldthymian (*Thymus serpyllum*), Kamille oder Bubiköpfchen (*Soleirolia soleirolii*), die es nicht krumm nehmen, wenn man darauf tritt.

Was spricht gegen Rasen?

Sicher sieht ein gut gepflegter Rasen attraktiv aus und bildet die perfekte Kulisse für alle Arten von Pflanzen. Allerdings erfordert es viel und regelmäßige Arbeit, diese dichte, grüne Grasschicht zu erhalten. Sie müssen nicht nur mähen, sondern auch düngen, jäten, belüften, herabgefallene Blätter entfernen und abgestorbene Gräser und Moos ausrechen. Außerdem muss eine Rasenkante, die an Beete grenzt, regelmäßig abgestochen und beschnitten werden, damit sie scharf bleibt.

Was spricht für Pflaster?

Eine gepflasterte Fläche stellt eine gerade, feste Unterlage für Tische, Stühle und Liegen dar. Sie kann ganzjährig, unabhängig vom Wetter, genutzt werden und bietet mit einer Unzahl von Materialien, Farben und Formen fast unbegrenzte Gestaltungsmöglichkeiten. Sie können attraktive Muster verlegen, die je nach Wunsch sogar die Gestaltung des Innenraumes ins Freie verlagern und den Eindruck eines Raumes im Grünen noch verstärken. Bis auf gelegentliches Fegen (Blätter und Schmutz) stellt ein fachmännisch verlegtes Pflaster die ultimative Lösung für einen pflegeleichten Garten dar.

Wenn Sie den Rasen durch Pflaster ersetzen, brauchen Sie nie wieder zu mähen, keine Kanten zu schneiden, nicht mehr zu düngen oder Unkraut zu jäten und nie wieder den Rasenmäher in den Gartenschuppen oder die Garage zu schleppen.

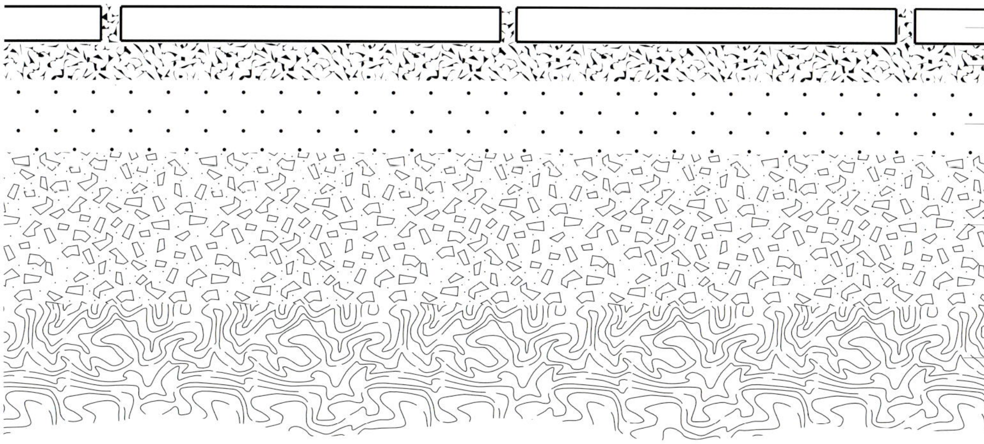

So wird's gemacht

1 Entfernen Sie Gras und den Boden bis in 18 cm Tiefe plus Dicke der Platten. Achten Sie darauf, den Unterboden nicht zu lockern, und planen Sie ein leichtes Gefälle ein, damit das Regenwasser abfließen kann. Wenn das Pflaster ans Haus stößt, muss das Gefälle vom Haus wegweisen; heben Sie die Fläche also unter Umständen etwas tiefer aus. Damit kein Wasser zwischen Pflasterung und die Hauswand läuft (sofern die Feuchtigkeitsisolierschicht tiefer ansetzt), müssen Sie die Stoßkante gut abdichten.

2 Schichten Sie eine 10 cm hohe Schotterschicht über den Unterboden und verdichten Sie ihn, bis Sie eine feste Unterlage erhalten.

3 Füllen Sie 5 cm Sand auf; wieder gut verdichten.

4 Legen Sie die Platten auf eine Schicht Magerbeton. Achten Sie darauf, dass das Gefälle stimmt und die einzelnen Platten bündig miteinander abschließen, sodass eine glatte, ebene Fläche entsteht. Lassen Sie den Beton aushärten.

5 Füllen Sie die Fugen mit Mörtel, damit kein Unkraut durchbrechen kann.

Dekorative Ideen

- Platten mit verschiedenen Farben und Oberflächen sorgen für Abwechslung.
- Unterschiedlich große Platten lassen die Fläche lebendiger erscheinen. Natursteine haben ohnehin verschiedene Größen, doch auch Kunststeine werden in verschiedenen Größen angeboten. Zeichnen Sie sich das Muster aber vor dem Kauf auf, sonst haben Sie am Ende zu viel von einer und zu wenig von einer anderen Plattengröße.
- Lassen Sie ab und zu eine Platte weg. Füllen Sie stattdessen Kies, farbige Glassteinchen oder Feldsteine ein (in Mörtel drücken). Natürlich können Sie auch einen Strauch oder Stauden in diese Lücken pflanzen.
- Verwenden Sie abwechselnd Platten und Ziegelsteine, die als Rand, in Lücken oder als Linien im Pflaster für Abwechslung sorgen.
- Versuchen Sie, Platten in Mustern auszulegen. Ein Schachbrettmuster wäre sehr traditionell, während versetzte Reihen oder in 45° verlegte Platten Diagonalen erzeugen.

Sofort-Lösung: Vom unebenen Boden zum Holzdeck

Ein einfaches Holzdeck kaschiert viele Sünden – und es hat gegenüber anderen festen Oberflächen einen wesentlichen Vorteil: Man spart sich die mühevolle Arbeit, den Untergrund einzuebnen, bevor man das Material verlegt. Ein Holzdeck, das auf kurzen, in Beton eingesetzten Stützen steht, erhebt sich über den Untergrund und deckt ihn wirkungsvoll ab. Ein Deck verbirgt zerbrochenes Pflaster oder steinigen Grund und kann mit einem Minimum an Heimwerkererfahrung erbaut werden.

Pflegeaufwand ●●

Was spricht gegen unebenen Boden?

Obwohl nur wenige Gärten vollständig eben sind, stellt ein stärker geneigtes Grundstück eine besondere Herausforderung für den Gärtner dar, der einen pflegeleichten Garten will. Es ist anstrengend und schwierig, eine schräge Rasenfläche zu mähen, und man kann dort weder Kies noch Rindenmulch ausstreuen. Daher sind Holzdecks die ideale Lösung; Sie können damit z.B. eine zusätzliche Sitzfläche in einem bisher nicht genutzten Gartenteil anlegen. Wenn Sie eine alte Terrasse mit einem Deck überbauen, brauchen Sie noch nicht einmal die Platten zu entfernen, da sie bereits eine feste Oberfläche bilden.

◄ ***Wenn Sie ein unebenes Pflaster oder hässliche Betonplatten abdecken möchten, stellt ein Holzdeck die perfekte Lösung dar. Legen Sie das Deck einfach über die vorhandene feste Oberfläche.***

Decks auf Hängen

Da man die Stützen eines Decks fast beliebig hoch machen kann, lassen sich damit alle Arten von Hängen überdecken. Allerdings sollten Sie ein großes, hohes Deck nicht mit Holzpfosten, sondern mit Pfeilern aus Ziegelsteinen stützen.

Sie können ein Holzdeck, ausgehend vom höchsten Punkt des Gartens, erbauen oder es über den Rand eines Teiches ragen lassen. Sollten Sie jedoch größere und gewagtere Konstruktionen anstreben, bitten Sie einen Fachmann um Hilfe, es sei denn, Sie verfügten über die notwendigen Fertigkeiten.

Was spricht für ein Holzdeck?

Holz fügt sich sehr harmonisch in den Garten ein. Man kann angenehm darauf gehen und Holzdecks eignen sich außerdem viel besser als Kinderspielplatz als Beton oder Pflastersteine. Holz passt zu allen Pflanzen und sieht vor allem am Wasser wunderschön aus. Man kann Holz in jede beliebige Form zuschneiden und sogar in Kurven oder auch in geometrischen Mustern verlegen. Ein Deck verbirgt sowohl Unebenheiten als auch Geländeneigungen.

Ein Holzdeck: So wird's gemacht

1 Setzen Sie die Stützen senkrecht in ein Bett aus Beton. Richten Sie die Oberkanten der Stützen mit einer Wasserwaage waagerecht aus. Fertigbeton härtet besonders schnell aus.

2 Auf die Pfosten kommt ein Gerüst aus stabilen Querbalken als Unterlage für die Planken; verschraubt wird es mit verzinkten Holzschrauben und Winkelbeschlägen.

3 Befestigen Sie die Planken mit Nägeln oder Schrauben an den Querbalken. Lassen Sie zwischen den einzelnen Planken einen schmalen Zwischenraum. Er muss breit genug sein, damit das Regenwasser abfließen kann, darf aber nicht so groß sein, dass sich Stuhl- und Tischbeine verfangen.

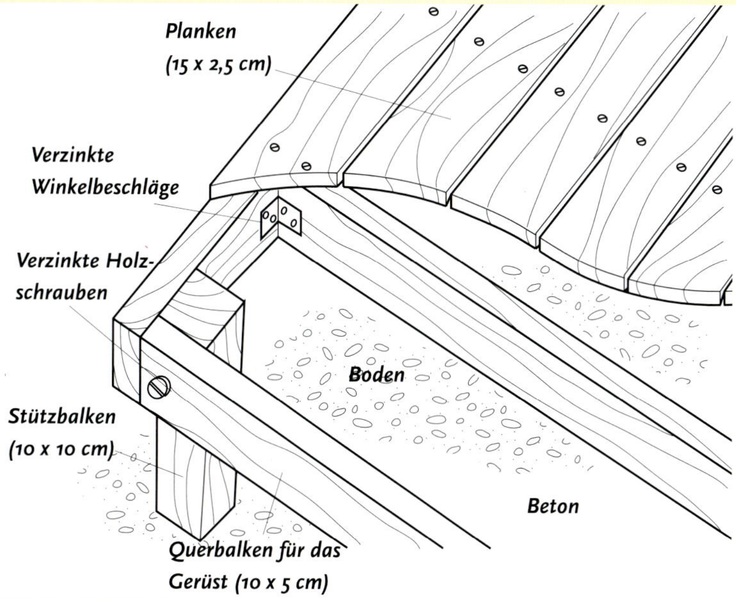

Dekorative Ideen

- Streichen Sie das Deck mit gedämpften Farben, z.B. Moosgrün, Hellgrau oder Graublau, wenn Sie einen edel wirkenden Kontrast zu den Pflanzen anstreben.
- Mit grellen Farben wie Grün, Lila oder Blau schaffen Sie einen Blickpunkt, der den Garten auch im tiefen Winter noch aufhellt. Allerdings sollten im Garten genügend immergrüne Pflanzen für Ausgleich sorgen.
- Wechseln Sie die Richtung der Planken, um für Abwechslung zu sorgen. Da Planken den Blick stets in die Richtung Ihrer Längsausdehnung lenken, sollten Sie gründlich über einen entsprechenden Blickpunkt nachdenken. Legen Sie die Planken längs, quer oder diagonal oder ändern Sie die Richtung an verschiedenen Stellen des Decks.
- Einige Polsterpflanzen am Rand des Decks brechen seine harten Linien und fügen es besser in die Umgebung ein.
- Suchen Sie nach passenden Holzmöbeln und verwenden Sie einen kontrastierenden Anstrich. Bleiben Deck und Möbel unbehandelt, erzielen Sie eine natürlichere Wirkung.
- Einige Kübel mit Blumen oder Blattpflanzen verwandeln das Deck in eine Insel der Entspannung.

Sofort-Lösung: Vom schattigen Beet mit Sträuchern zum Waldgarten

Rindenmulch hebt sich wunderbar gegen die Pflanzen ab und vermittelt auch zwischen unterschiedlichen Arten. Mulch kommt am besten in einem schattigen Beet zur Geltung, als Unterlage unter verschiedenen Sträuchern – dazu einige Blattpflanzen wie Funkien und Farne. **Pflegeaufwand ●●**

Was spricht gegen ein Beet mit Gehölzen?

Eigentlich spricht nichts gegen ein gut gepflegtes Beet mit Sträuchern. Es sorgt ganzjährig für Farbe und bietet anregende Oberflächen und Formen. Werden die Sträucher jedoch nicht äußerst sorgfältig ausgewählt, müssen die Beete regelmäßig gepflegt werden. Vernachlässigte Sträucher können Ihre Nachbarn überwuchern, weniger blühen und fruchten; außerdem machen sich bald Unkräuter breit.

Statt die Sträucher sehr stark zurückzuschneiden und ihr Aussehen so für Jahre zu verderben, sollten Sie das Beet lieber mit Rindenmulch und einigen ausgewählten Schattenpflanzen in einen Waldgarten verwandeln.

Was spricht für Rindenmulch?

Rindenmulch lässt kein Licht zum Boden dringen und unterdrückt auf diese Weise Unkräuter, die im Licht keimen. Wollen Sie jedoch wirklich jede Arbeit vermeiden, sollten Sie die Fläche vorher mit einer Unkraut unterdrückenden Folie bedecken und das Beet mit Holzbalken umgeben.

▲ *In den Mulch gepflanzte* Cyclamen cilicium *bereichern den Waldgarten mit Farbe.*

▶ *Richten Sie sich bei der Pflanzenauswahl nach der Natur: Zuerst erscheinen die Frühblüher, dann folgen Schatten liebende Waldpflanzen, die auch unter dem Blätterdach gedeihen.*

So wird's gemacht

1 Entfernen Sie gründlich alle Unkräuter und graben Sie die Pflanzen aus, die Sie behalten möchten. Schlagen Sie die Ballen in Plastiktüten ein und stellen Sie sie an einen schattigen Ort. Arbeiten Sie um die größeren Gehölze herum.

2 Arbeiten Sie Kompost oder Blumenerde in den Boden ein, harken Sie die Oberfläche und stampfen Sie den Boden mit den Füßen fest.

3 Breiten Sie eine dicke Plastikfolie auf dem Boden aus; schneiden Sie Schlitze oder Löcher für die vorhandenen Pflanzen hinein.

4 Grenzen Sie die Fläche mit Holzbalken ein; so bleibt der Mulch auf dem Beet und wird nicht im Garten verteilt.

5 Schneiden Sie dort, wo Sie Schattenpflanzen einsetzen wollen, kreuzförmige Löcher in die Folie ein.

6 Schichten Sie den Mulch 5–8 cm dick auf die Folie, bis sie völlig bedeckt ist.

Pflanzen für trockenen Schatten

Treffen Sie unter diesen Pflanzen eine Auswahl für Ihren schattigen Waldgarten; sie sorgen das ganze Jahr über für Abwechslung:

Alchemilla mollis (Frauenmantel)
Asplenium scolopendrium (Streifenfarn)
***Aucuba japonica* 'Crotonifolia'** (Aukube)
Berberis* x *stenophylla (Sauerdorn)
***Bergenia cordifolia* 'Purpurea'** (Bergenie)
Brunnera macrophylla (Kaukasus-Vergissmeinnicht)
Dryopterix filix-mas (Gemeiner Wurmfarn)
***Elaeagnus pungens* 'Maculata'** (Ölweide)
***Euonymus fortunei* 'Emerald'n Gold'** (Spindelstrauch)
Geranium macrorrhizum (Balkan-Storchschnabel)
Hedera helix (Efeu)
***Lamium maculatum* 'White Nancy'** (Gefleckte Taubnessel)
Polypodium vulgare (Gemeiner Tüpfelfarn)
Pulmonaria officinalis (Lungenkraut)
***Vinca major* 'Variegata'** (Immergrün)

Sofort-Lösung: Vom Steingarten zum Hochbeet

Ein klassischer Steingarten gehört zu den arbeitsintensivsten Beeten des Gartens. Enthält Ihr Garten bereits einen solchen Steingarten, sparen Sie sich viel Arbeit, wenn Sie stattdessen ein einfaches Hochbeet anlegen; es bietet bequemen Zugang zu allen Pflanzen. **Pflegeaufwand ●●●**

Was spricht gegen einen Steingarten?

Es ist nicht nur kompliziert, alle Bereiche eines Steingartens zu erreichen, um die Pflanzen zu pflegen, sondern man muss auch häufig Unkraut jäten. In Steingärten, die neben dem Rasen liegen, kann das Gras einwachsen. Es lässt sich nicht mit dem Rasenmäher erreichen und auch mit einer Handschere nur mühselig schneiden. Wenn Sie nicht gerade ein großer Fan von Alpenpflanzen sind und sich nicht scheuen, die Pflanzen im Winter vor Nässe zu schützen, dann können Sie die meisten typischen Steingartenpflanzen auch in einem gut gebauten Hochbeet ziehen.

Was spricht für ein Hochbeet?

In einem Hochbeet kann man Pflanzen (und Unkräuter) leicht erreichen, ohne sich zu bücken. Damit sind Hochbeete ideal für alle Gärtner, vor allem jedoch für ältere und behinderte Menschen, die das Beet im Sitzen pflegen können. Eine feste Rasenkante zwischen Rasen und den Beetwänden erleichtert das Rasenmähen.

▼ ***Hochbeete eignen sich für alle Pflanzen, von alpinen Gewächsen bis zu Gemüse. Sie lassen sich leicht und in kürzerer Zeit pflegen als in den üblichen Beeten und Rabatten.***

So wird's gemacht

1 Graben Sie alle Pflanzen aus dem Steingarten aus, die Sie behalten möchten; schlagen Sie die Ballen in Plastikfolie ein. Bauen Sie den Steingarten ab, legen Sie aber die oberste Bodenschicht und einige Steine zur Seite.

2 Ebnen Sie den Boden ein und schichten Sie Eisenbahnschwellen überlappend, nach der Art eines Blockhauses, aufeinander. Drei übereinander gelegte Schwellen haben etwa die richtige Höhe; Sie können das Beet aber auch – ganz nach Wunsch – höher oder tiefer anlegen. Nageln Sie auf der Innenseite des Beetes Stützlatten an, um die Schwellen zu stabilisieren.

3 Sobald die Schwellen stabil verankert sind, wird der Boden des Beetes reichlich mit Drainagematerial gefüllt. Obenauf kommt nun die Bodenschicht aus dem alten Steingarten. Sie können etwas gut verrotteten Gartenkompost oder andere organische Bestandteile zumischen; der Handel bietet verschiedene synthetische Flocken an, die den Wasserabzug verbessern. Drücken Sie den Boden fest und fügen Sie, falls erforderlich, weitere Erde hinzu.

4 Verteilen Sie als Blickpunkte einige Steine im Beet; dann werden die Steingartenpflanzen eingesetzt.

5 Bedecken Sie die Oberfläche etwa 2,5 cm hoch mit feinem Kies; er hält den Boden feucht und unterdrückt das Unkraut.

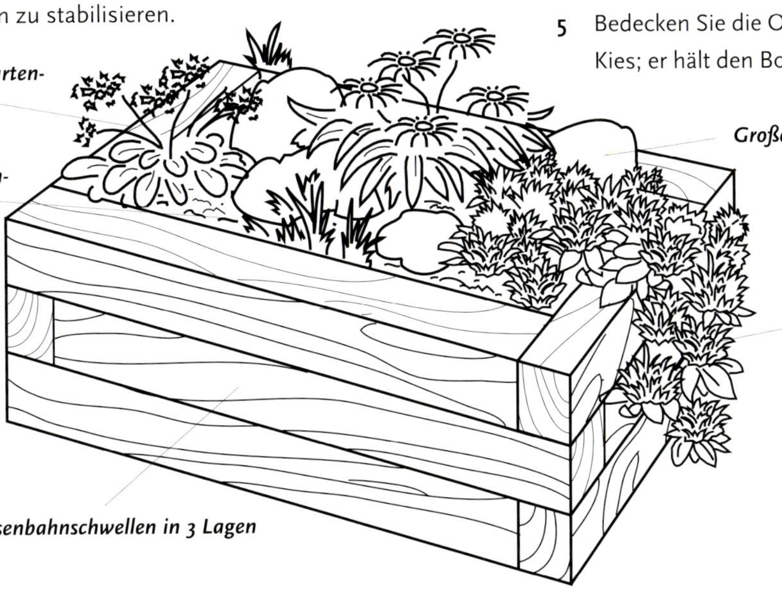

Gute Pflanzen für Hochbeete

***Ajuga reptans* 'Burgundy Glow'** (Kriechender Günsel)
Erigeron karvinskianus (Berufkraut)
Festuca glauca (Blauschwingel)
Galanthus nivalis (Schneeglöckchen)
***Heuchera micrantha* var. *diversifolia* 'Palace Purple'** (Purpurglöckchen)
***Imperata cylindrica* 'Rubra'** (Alang-Alang-Gras)
Nepeta x faassenii (Katzenminze)
Saxifraga x urbium (Steinbrech)
Sedum spectabile (Fetthenne)
***Sempervivum* spec.** (Hauswurz)
Stachys byzantina (Wollziest)
Thymus serpyllum (Thymian)
Tolmiea menziesii (Lebendblatt)

▲ ***Rindenmulch unterdrückt auch in Hochbeeten das Unkraut zwischen neu gepflanzten Blumen.***

Ein Strauchgarten

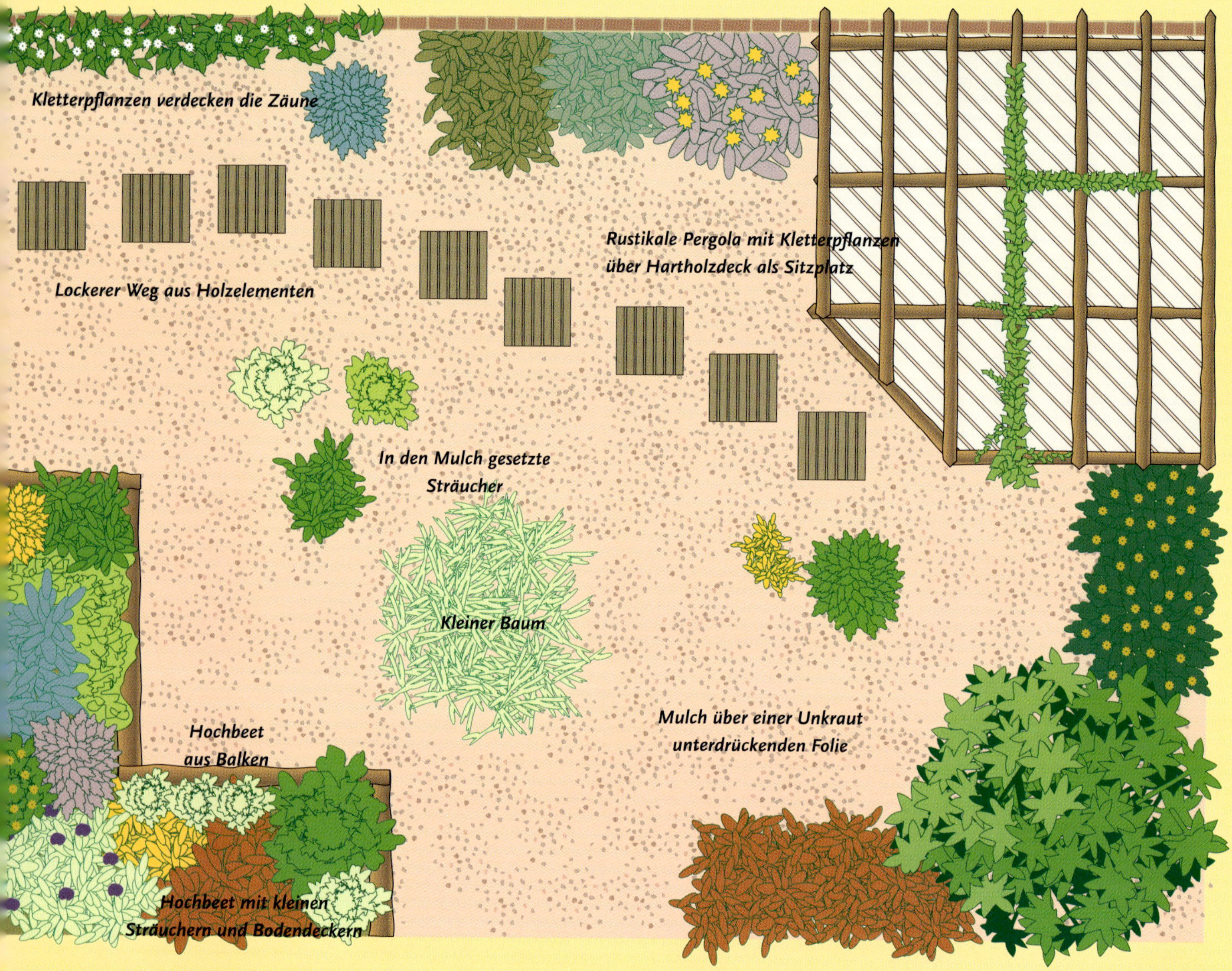

Dieser Strauchgarten strahlt ein natürliches, rustikales Flair aus, da er mit lebendigen Materialien wie groben Holzpfosten, Holzplatten und Mulch gestaltet wurde. Der Entwurf fügt sich wunderbar in eine ländliche Umgebung ein, passt aber auch in die Stadt, weil die Pergola Schutz vor Blicken aus Nachbarhäusern bietet.

Pflegeaufwand •

Das spricht für diesen Garten

Das Holzdeck in der hinteren Gartenecke ist ein hübscher, stabiler Sitzplatz. Die von Kletterpflanzen überwucherte Pergola taucht die Sitzmöbel in angenehmen Schatten. Der Gartenboden wurde mit Mulch bedeckt, der vor allem für eine fußfreundliche Oberfläche sorgt.

Das Thema des Decks setzt sich in den quadratischen Holzplatten fort, die als Tritte durch den Garten führen. Hübsche Sträucher und kleine Bäume beleben den Garten; sie überzeugen durch Blattfarben und -formen sowie durch jahreszeitliche Blüte.

▶ ***Eine hölzerne Pergola (oder Laube) und Holzdecks fügen sich wunderbar in einen Strauchgarten ein.***

Das ist Ihr Garten, wenn Sie:

- es hassen, den Rasen zu mähen,
- gerne an einem schattigen Ort einen Sitz- und Essplatz haben möchten,
- das abgeschlossene, intime Flair eines Waldes mögen,
- Pflanzen wollen, die das ganze Jahr über mit Farben und Formen bestechen.

Pflegeplan: Strauchgarten

- Rechen Sie einmal jährlich den Mulch glatt; verteilen Sie ihn gleichmäßig und ergänzen Sie ihn bei Bedarf.
- Sammeln Sie im Herbst das Laub der Gehölze ein.
- Schneiden Sie die Blütensträucher zurück, um die Blüte zu fördern.
- Lichten Sie zu große Sträucher aus.

◄ ***Eine Zaubernuss* (Hamamelis x intermedia *'Jelena'*)**

Die 20 besten Pflanzen

***Aucuba japonica* 'Crotonifolia'** (Aukube)
Berberis* x *stenophylla (Sauerdorn)
Betula utilis* var. *jaquemontii (Himalaya-Birke)
Buddleja davidii (Schmetterlingsstrauch)
Chaenomeles* x *superba (Zierquitte)
***Clematis montana* var. *rubens* 'Tetrarose'** (Waldrebe)
Cotinus coggyria (Perückenstrauch)
***Crocus* Arten und Sorten** (Krokus)
***Elaeagnus pungens* 'Maculata'** (Ölweide)
Erica carnea (Schneeheide)
Hamamelis* x *intermedia (Zaubernuss)
Hedera helix (Efeu)
***Ilex* x *altaclerensis* 'Golden King'** (Stechpalme)
***Juniperus communis* 'Compressa'** (Wacholder)
Mahonia japonica (Mahonie)
***Malus* x *zumi* 'Golden Hornet'** (Zierapfel)
***Narcissus* Arten und Sorten** (Osterglocken)
Potentilla fruticosa (Fingerkraut)
Prunus serrulata (Japanische Blütenkirsche)
***Vinca major* 'Variegata'** (Immergrün)

Die Auswahl der Pflanzen

Mit Ihren unterschiedlichen Blattfarben sorgen die ausgewählten Sträucher das ganze Jahr über für Abwechslung. Neben den meist immergrünen Arten wie Aukube und Ölweide bilden im Herbst Laub abwerfende Sträucher farbige Blickpunkte, während wieder andere wie Zierquitte und Schmetterlingsstrauch jeweils mit Ihren Blüten die Blicke auf sich ziehen. Mischen Sie Sträucher mit unterschiedlichen Formen und Gestalten. Wird der Perückenstrauch nicht regelmäßig beschnitten, bildet er eine breite, geöffnete Form aus, während Heiden kuppelartig den Boden bedecken. Ein oder zwei kleine Bäume bringen Höhe in den Garten, wobei die Blütenkirsche auch wegen Ihrer hübschen Rinde ausgewählt wurde, die im Winter attraktiv aussieht.
Ein paar Zwiebelpflanzen erhellen mit Ihren frischen Farben die dunklen Tage des Vorfrühlings, ohne Arbeit zu machen.

◄ ***Blätter und Blüten des Immergrüns (*Vinca major *'Variegata')***

Pergola und Deck: So wird's gemacht

Pergolen oder Lauben sind sowohl praktisch als auch attraktiv: Sie bilden abgeschlossene Sitzplätze und dienen gleichzeitig als Unterlage für Kletterpflanzen. Wählen Sie das Material nach dem gewünschten Stil des Gartens aus – die rustikalen Stützen fügen sich besonders gut in diesen zwanglosen Strauchgarten ein. Pergola und Holzdeck werden gleichzeitig errichtet; obwohl dies auf den ersten Blick kompliziert aussieht, wäre es noch schwieriger, die beiden getrennt voneinander zu bauen.

1 Stecken Sie die Fläche mit Pflöcken und Schnur ab und heben Sie rund 10 cm des Bodens aus; der Untergrund muss eben sein.

2 Heben Sie für jeden Stützpfosten ein 70 cm tiefes Loch aus und setzen Sie den Pfosten in fest gestampften Schotter ein (bis 15 cm unter der Erde). Füllen Sie den Rest des Loches mit Beton; richten Sie die Pfosten mit der Wasserwaage senkrecht aus.

3 Legen Sie die Fläche mit Plastikfolie aus, um das Unkraut zu unterdrücken.

4 Legen Sie Betonplatten oder Ziegelsteine als Unterlage für die Querbalken aus (in Reihen von etwa 90 cm Abstand, alle 150 cm eine Stütze). Denken Sie daran, dass die Planken senkrecht zu den Querbalken zu liegen kommen.

5 Legen Sie die Querbalken auf die Unterlagen und fixieren Sie das Gerüst über verzinkte Winkelverschraubungen mit den Endbalken. Durch Verstrebungen alle 90 cm wird das Gerüst der Querbalken stabilisiert.

6 Schrauben Sie die Planken im rechten Winkel zu den Querbalken mit jeweils zwei Schrauben fest, damit sich das Holz nicht verziehen kann (Schrauben von Mal zu Mal versetzt einschrauben). Halten Sie mit einem Holzbrettchen einen konstanten Abstand von 1 cm zwischen den Planken ein. Sägen Sie die Enden der Planken zurecht; Sie können die Schnittflächen auch hinter einer Frontplatte verstecken.

7 Verschrauben Sie die Dachbalken der Pergola und fügen Sie zur Stabilität Querverstrebungen hinzu.

8 Decken Sie die Folie mit demselben Mulch ab, den Sie auch im Garten verwenden.

▲ ***Unbehandelte oder angestrichene Pergolen und Holzdecks lassen sich mit allen Arten von Pflanzen kombinieren.***

Ein Raum im Freien

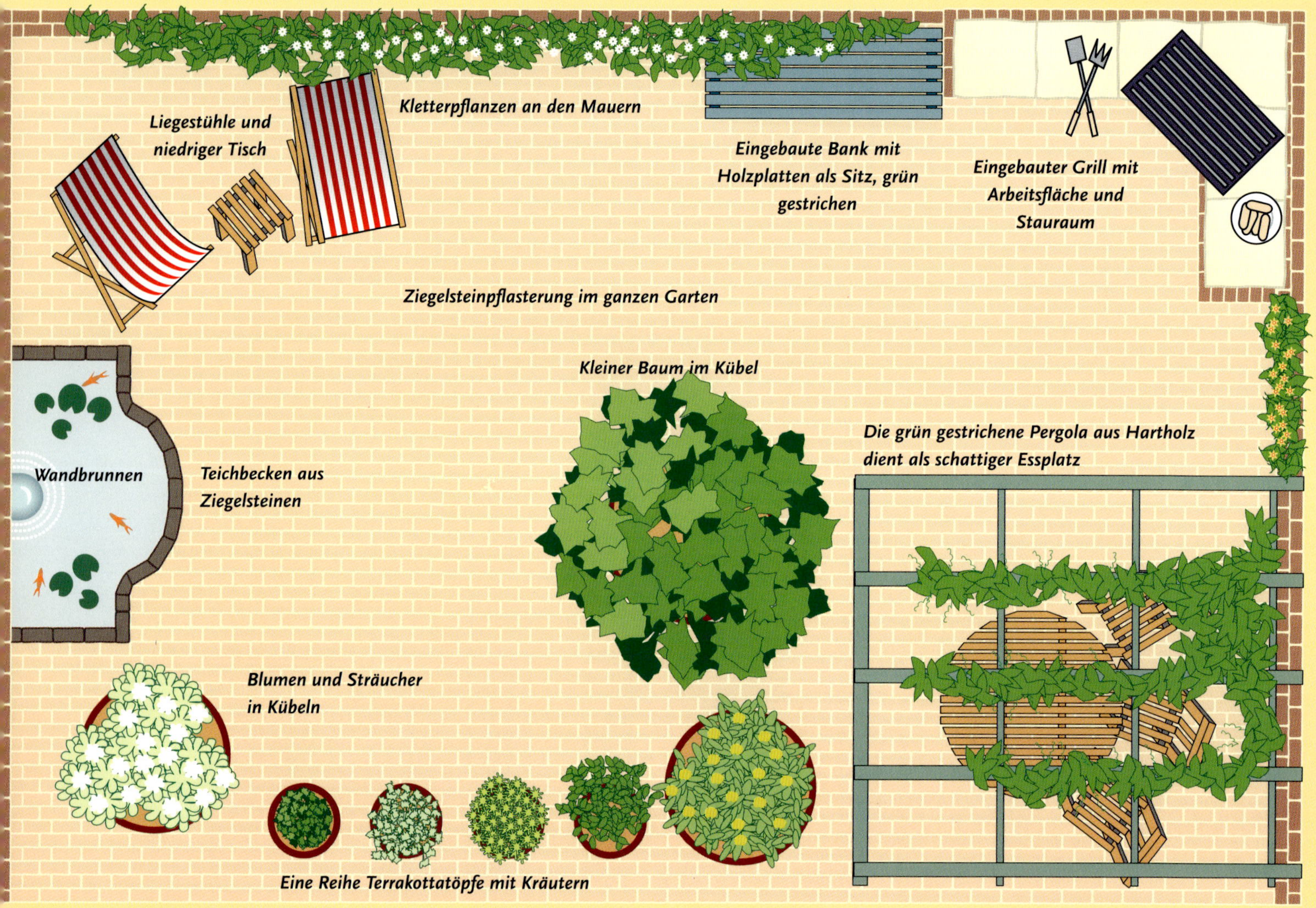

Dieser Garten erweitert die Familienwohnung um einen Raum im Freien. Er ist die ideale Lösung für Familien, die viel arbeiten müssen und wenig Zeit für Gartenarbeit aufbringen können, aber dennoch ein geselliges Beisammensein in freundlicher, entspannter Atmosphäre schätzen. **Pflegeaufwand •**

Das spricht für diesen Garten

Der gesamte Garten wurde mit hübschen Ziegelsteinen gepflastert. Sie wirken auch auf großer Fläche attraktiv und bilden eine stabile, wetterfeste Oberfläche. Im Schatten der Pergola aus Hartholz kann man essen, während die Liegestühle ein kurzes Sonnenbad erlauben. Liegestühle sind mobile Gartenmöbel; sie können umgestellt und im Winter zusammengeklappt im Keller gelagert werden.

Der kleine, eingebaute Grillplatz wurde komplett mit Arbeitsfläche und Stauraum angelegt, kann also sofort in Betrieb genommen werden. Wandbrunnen und Teich erfüllen den Raum mit leisen Wassergeräuschen. Einige Pflanzen in Kübeln sorgen für Farbe, während die Blätter der Kletterpflanzen die Mauern verdecken. In den Terrakottatöpfen wachsen einige Kräuter. Wie pflegeaufwändig der Garten ist, richtet sich nach den ausgewählten Pflanzen. Robuste Stauden verlangen kaum Pflege, während jahreszeitlich wechselnde Blumen zweimal jährlich neu gepflanzt werden müssen.

◀ ***Da man Grillplätze beliebig groß bauen kann, lassen sie sich den jeweiligen Bedingungen anpassen. Die fertig gekauften Metallteile werden in die Ziegelaufbauten eingepasst.***

▶ ***Es ist wichtig, solch kleine Räume im Freien nicht zu überladen.***

Das ist Ihr Garten, wenn Sie:

- im Sommer gerne mit Freunden und der Familie im Freien essen,
- einen geräumigen, nicht überladenen zusätzlichen Wohnraum im Freien wünschen,
- selbst Kräuter in Töpfen ziehen und beim Grillen verwenden möchten,
- das Geräusch von plätscherndem Wasser lieben.

Pflegeplan: Raum im Freien

- Entfernen Sie einige Wasserpflanzen, wenn sie den Teich zu ersticken drohen.
- Reinigen Sie die Brunnendüse, wenn sie verstopft ist.
- Gießen Sie bei heißem Wetter die Blumenkübel.
- Bepflanzen Sie zweimal jährlich die Kübel neu, falls erforderlich.
- Reinigen Sie das Pflaster von Zeit zu Zeit.

◄ ***Hortensien wie diese* Hydrangea macrophylla *'Madame Emile Moullère' eignen sich gut für pflegeleichte Gärten, da Ihre Blüten lange erhalten bleiben.***

Die 20 besten Pflanzen

Calendula officinalis (Ringelblume)
Choisya ternata (Orangenblume)
***Clematis montana* var. *rubens* 'Tetrarose'** (Waldrebe)
Doronicum orientale (Gemswurz)
***Euonymus fortunei* 'Emerald'n Gold'** (Spindelstrauch)
***Humulus lupulus* 'Aureus'** (Hopfen)
Hydrangea macrophylla (Hortensie)
Laurus nobilis (Lorbeer)
***Mentha* Arten und Sorten** (Minze)
Muscari armeniacum (Träubelhyazinthe)
***Origanum* Arten und Sorten** (Oregano und Majoran)
***Primula* Arten und Sorten** (Primel)
Rosmarinus officinalis (Rosmarin)
***Salix caprea* 'Kilmarnock'** (Salweide)
Santolina chamaecyparissus (Heiligenkraut)
***Sorbus aria* 'Lutescens'** (Mehlbeere)
Thymus vulgaris (Thymian)
***Tulipa* Arten und Sorten** (Tulpe)
***Viburnum plicatum* 'Mariesii'** (Japanischer Schneeball)
***Viola* Arten und Sorten** (Veilchen und Stiefmütterchen)

Die Auswahl der Pflanzen

Da dieser Garten vor allem im Sommer für Grillpartys und zur Unterhaltung genutzt wird, braucht man Pflanzen, die mit Farbe und Laub für Abwechslung sorgen. Immergrüne Kräuter wie Thymian, Rosmarin, Lorbeer oder Salbei sehen mit farbigen, aromatischen Blättern das ganze Jahr über gut aus. Ein kleiner Baum im Kübel sorgt für Höhe, während die attraktiv blühenden und beblätterten Kletterpflanzen die Mauern verkleiden – viel mehr braucht man kaum. In den Kübeln kann man z.B. immergrüne Pflanzen ziehen, denen im Frühling Zwiebelpflanzen und im Sommer einjährige Blumen zusätzlich Farbe verleihen.

Sauerstoff bildende Pflanzen wie *Hottonia palustris* (Wasserfeder) halten das Wasser im Teich klar, eine kleine Seerose schattet es ab.

Sofort-Lösungen für langweilige Mauern

Ein Anstrich erfüllt sowohl praktische als auch ästhetische Bedingungen. So kann eine hell gestrichene Fläche, die mehr Licht reflektiert als die umgebenden Pflanzen, eine düstere Ecke aufhellen. Mit Farbe lassen sich graue Betonbausteine oder neue Ziegelwände kaschieren – vor allem Dunkelgrün bildet einen angenehmen Hintergrund im Garten. Kräftige Farben wie Blau oder Terrakottarot verleihen einem Terrassengarten, vor allem in der Stadt, ein ganzjährig sonniges Flair.

Raut man bei verputzten Wänden die Oberfläche auf, entsteht eine körnige Struktur, die an das Mittelmeer erinnert – wenn man die Wand entsprechend anstreicht.

Mit einem Mosaik aus Tonscherben, Kacheln, Muscheln oder Kieseln lassen sich langweilige Wände in Blickfänge verwandeln. Wenn Sie nicht gerade ein Künstler sind, sollten Sie einfache geometrische Muster verwenden. Auch Masken oder Plastiken werten triste Wände auf. Suchen Sie nach klassischen Motiven aus Terrakotta, Zement oder Kunststein. In Verbindung mit Kletterpflanzen sind sie unschlagbar.

Geschickt aufgehängte Hängetöpfe oder Blumenkästen setzen farbige Akzente; denken Sie jedoch daran, dass Pflanzgefäße dieser Art rasch austrocknen und daher gegossen werden müssen (siehe Tipps auf S. 94–97). Verteilen Sie gleichartige Töpfe in Reihen oder unterschiedliche Töpfe in einem zufälligen Muster an der Wand.

Kletterpflanzen sind eine einfache Lösung für langweilige Wände. Pflanzen Sie Selbstkletterer oder befestigen Sie Drähte oder Gitter als Kletterhilfen an der Mauer. Mit immergrünen Pflanzen decken Sie die Mauer ganzjährig ab. Sollte die Fläche vor der Mauer gepflastert sein, wachsen die Kletterpflanzen in Kübeln. Versuchen Sie es mit zwei Pflanzen: Eine bildet den ganzjährig grünen Blatthintergrund, die andere steuert jahreszeitliche Blüten bei.

Die 5 besten Kletterpflanzen für Mauern

Versuchen Sie es einmal mit einer anderen Kletterpflanze als der Waldrebe aus dem Strauchgarten:

- ***Hedera*** (Efeu) ist eine selbst kletternde, immergrüne Kletterpflanze mit glänzenden Blättern; es gibt auch panaschierte Sorten mit interessanten Blattformen.
- ***Hydrangea anomala* ssp. *petiolaris*** (Kletterhortensie) ist eine selbst kletternde, Laub abwerfende Kletterpflanze, die im Sommer weiße Blüten bildet.
- ***Jasminum officinale*** (Jasmin) ist eine Laub abwerfende Schlingpflanze, deren weiße, duftende Blüten von Sommer bis Herbst erscheinen.
- ***Parthenocissus quinquefolia*** (Wilder Wein) ist eine Laub abwerfende Schlingpflanze mit hübschen Blättern, die sich im Herbst herrlich verfärben.
- ***Solanum crispum* 'Glasnevin'** (Nachtschatten) ist eine halb-immergrüne Schlingpflanze mit purpurroten Blüten im Sommer, die sich vor einer warmen Wand besonders wohl fühlt.

▲ *Ein Teil dieser hübschen Mauer – sie wurde angestrichen und mit einem Muster aus Muscheln verziert – ist mit Efeu bewachsen.*

Ein Dschungel-Garten

In diesem Dschungel-Garten liegt der Schwerpunkt auf Blattpflanzen, deren Blätter sich zu einem reichen Bild aus Formen, Farben und Strukturen vereinen. Sie verleihen einem Stadtgarten inmitten von Nachbargebäuden einen Hauch von Exotik. **Pflegeaufwand •**

Das spricht für diesen Garten

Kleine, offene Bäume spenden lichten Schatten, in dem weiches Licht auf den Blättern der Farne, Funkien, Gräser und Sträucher spielt. Der Gartenboden wird von Rindenmulch bedeckt, der wunderbar mit den Pflanzen harmoniert, die ihn durchstoßen. Der Sitzplatz ist mit Natursteinplatten gepflastert. Ihre unterschiedlichen Größen unterstreichen das natürliche Aussehen des Gartens. Einzelne Flächen mit Feldsteinen lockern die Fläche auf. In den Fugen und zwischen den Steinen durfte sich der Bubikopf (*Soleirolia soleirolii*) ansiedeln, um den Boden „organischer" erscheinen zu lassen. Der große Teich am anderen Ende des Gartens trägt mit seinen Seggen ebenfalls zur Dschungel-Atmosphäre bei.

***◄ Acanthus spinosus** sorgt mit großen, glänzenden Blättern das ganze Jahr über für Dschungel-Atmosphäre. Im Sommer erscheinen seine spektakulären Blumenähren.*

***►** Versuchen Sie Gewächse mit möglichst vielfältigen Blattgrößen und -formen zu pflanzen.*

Das ist Ihr Garten, wenn Sie:

- einen Garten mit vielen Pflanzen mögen,
- einen grünen, schattigen Ort zum Entspannen wünschen,
- einen natürlich aussehenden Garten wollen, der Tiere anzieht,
- die Vorteile eines großzügig bepflanzten Teiches nutzen wollen.

Pflegeplan: Der Dschungel-Garten

- Schneiden Sie im Frühling die abgestorbenen Blätter der Gräser, Farne und Funkien heraus (wenn Sie das nicht schon im Herbst erledigt haben).
- Entfernen Sie von Zeit zu Zeit allzu wüchsige Bodenpflanzen wie den Bubikopf von nicht erwünschten Stellen.
- Reißen Sie einige Teichpflanzen heraus, wenn sie zu stark wuchern.
- Lichten Sie unerwünschte Zweige aus den Sträuchern aus.
- Rechen Sie einmal pro Jahr den Mulch glatt und fügen Sie gegebenenfalls neuen hinzu.

◄ **Asplenium scolopendrium *ist ein hübscher, immergrüner Farn.***

Die 20 besten Pflanzen

Acanthus spinosus (Akanthus)
***Ajuga reptans* 'Burgundy Glow'** (Kriechender Günsel)
Asplenium scolopendrium (Streifenfarn)
***Aucuba japonica* 'Crotonifolia'** (Aukube)
Betula utilis* var. *jaquemontii (Himalaya-Birke)
***Carex elata* 'Aurea'** (Steife Segge)
Dryopteris filix-mas (Wurmfarn)
Epimedium grandiflorum (Elfenblume)
Fatsia japonica (Zimmeraralie, nicht winterhart)
***Hakonechloa macra* 'Aureola'** (Japanwaldgras, nicht winterhart)
Hedera helix (Efeu)
Hosta sieboldiana* var. *elegans (Funkie)
***Humulus lupulus* 'Aureus'** (Hopfen)
Mahonia japonica (Mahonie)
***Miscanthus sinensis* 'Zebrinus'** (Chinaschilf)
Parthenocissus quinquefolia (Wilder Wein)
Phyllostachys nigra (Bambus)
Polypodium vulgare (Gemeiner Tüpfelfarn)
***Sorbus aria* 'Lutescens'** (Mehlbeere)
Tolmiea menziesii (Lebendblatt)

Die Auswahl der Pflanzen

Die Pflanzen für den Dschungel-Garten wurden aufgrund Ihrer interessanten und vielfältigen Blattformen und -größen ausgewählt. Manche Sträucher haben große, glänzende und sehr eindrucksvolle Blätter. Da die Pflanzen dicht zusammenstehen, entsteht eine Dschungel-Atmosphäre.

Gräser, die zum Teil bis 2 m hoch werden, verleihen dem Garten Struktur, Farbe und Höhe, während die Blätter auf der untersten Ebene von Farnen und Funkien stammen. Vor allem Farne sorgen mit Ihren interessanten Wuchsformen für Abwechslung. Ein Schirm aus langsam wachsendem Bambus (*Phyllostachys nigra*) grenzt den Sitzplatz ein; diese Art hat schwarze Stämme und wuchert weniger stark als viele der anderen Bambusarten.

Sauerstoff bildende Wasserpflanzen halten das Wasser im Teich klar, während schilfartige Pflanzen wie *Typha minima* (Zwergrohrkolben) in der Flachwasserzone Vögeln und Insekten Schutz bieten und als Blickpunkte dienen.

Rindenmulch verlegen

Da Rindenmulch die Pflanzen weitaus besser zur Geltung bringt als Kies, bildet er die ideale Oberfläche für den Dschungel-Garten. Außerdem ist das Material sehr kinderfreundlich. Befolgen Sie die Reihenfolge der Arbeitsschritte.

1 Graben Sie die kleineren Pflanzen aus und schützen Sie die Wurzelballen der Exemplare, die Sie behalten wollen; lagern Sie diese an einem schattigen Ort. Wenn die Pflanzen bei warmem Wetter längere Zeit liegen bleiben, werden die Ballen in Plastiktüten eingepackt und feucht gehalten. Die größeren Pflanzen bleiben im Beet stehen; arbeiten Sie um die Pflanzen herum.

2 Jäten Sie gründlich und entfernen Sie die Wurzeln von mehrjährigen Unkräutern. Rechen Sie die Erde glatt und drücken Sie den Boden mit den Füßen fest.

3 Breiten Sie eine dicke Plastikfolie auf der Erde aus. Schneiden Sie Löcher für die vorhandenen Pflanzen hinein. Achten Sie darauf, dass keine Lücken zwischen Folienbahnen bleiben; gegebenenfalls überlappend auslegen.

4 Schneiden Sie kreuzförmige Löcher für die beiseite gelegten und neuen Pflanzen in die Folie; setzen Sie die Pflanzen in die Erde. In einem Dschungel-Garten dürfen sie ruhig dicht an dicht stehen; reichlich gießen.

5 Breiten Sie eine 5 cm dicke Schicht Rindenmulch auf der Folie aus, bis sie vollständig verdeckt ist; glatt rechen.

6 Grenzen Sie die Mulchfläche mit passenden Materialien ein; z.B. mit Holzbohlen oder imprägnierten Brettern.

▶ ***Der Eindruck eines Dschungels entsteht durch das üppige Laub, obwohl die Pflanzen keinesfalls verwildern dürfen.***

Ein Stein- und Kiesgarten

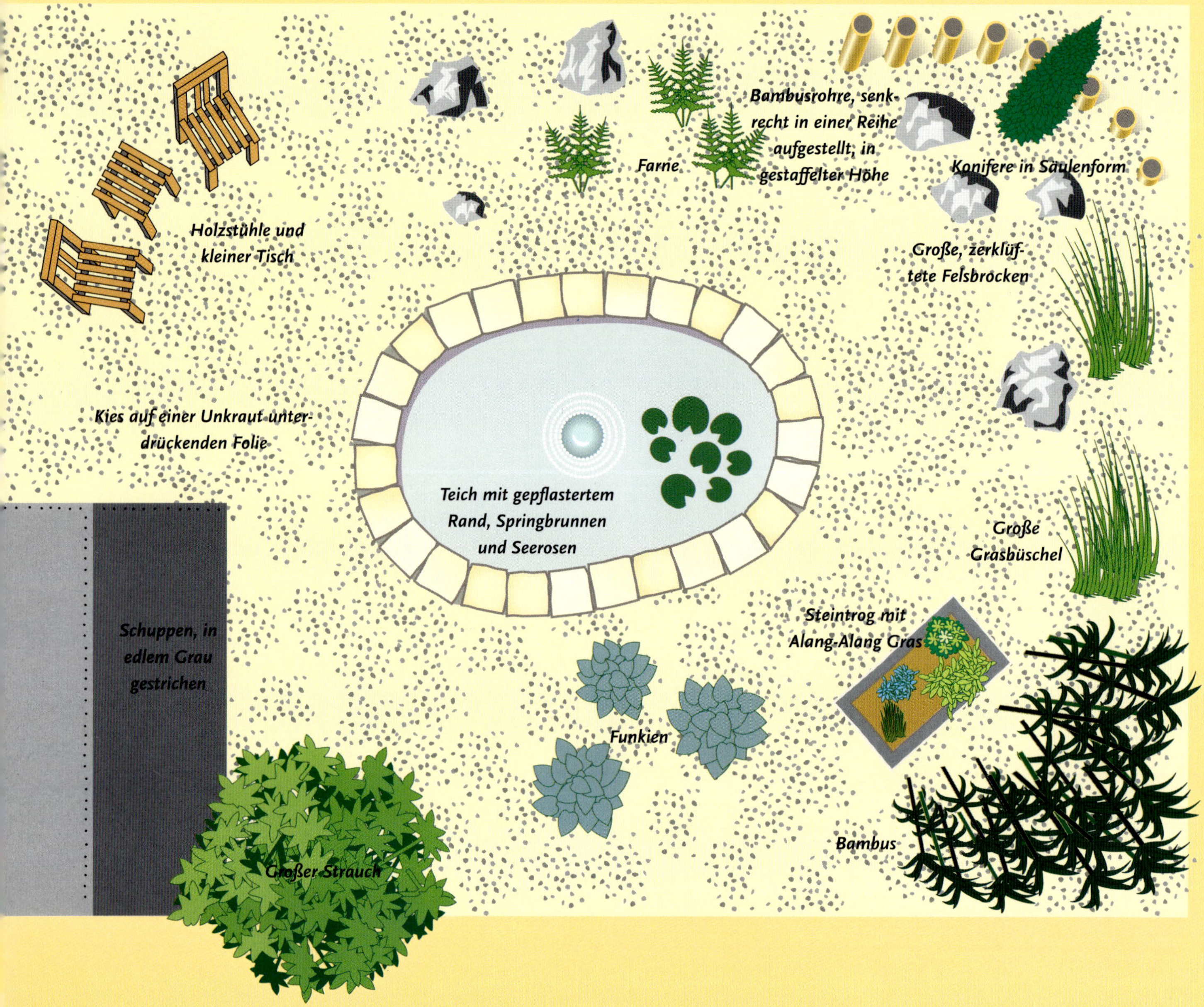

Dieser Garten in fernöstlichem Stil wirkt fast minimalistisch, da er mit wenigen markanten Elementen auskommt. Solche Gärten sind ideal für Grundstücke, die allseits von Mauern und Häusern umgeben sind. Man kann den Stil aber auch dann übernehmen, wenn sich jenseits der Gartengrenzen Blickpunkte ergeben.

Pflegeaufwand •

Das spricht für diesen Garten

Der Garten bezieht sich auf den großen ovalen Teich in seiner Mitte, der durch einen Springbrunnen und, in der ruhigeren Zone am anderen Ende, eine Seerose betont wird. Den Gartenboden bedeckt graubrauner Kies, in dem große, zerklüftete Felsbrocken Akzente setzen und die sorgfältig platzierten Farne, Gräser und Bambusstauden zur Geltung bringen.

Eine zierlich geschwungene Reihe von Bambusstäben unterschiedlicher Höhe akzentuiert das fernöstliche Thema; zudem machen sie die Gartenecke ganzjährig zum Blickpunkt. Der Schuppen wirkt in seiner schwarzgrauen Farbe sehr minimalistisch und edel.

▲ Miscanthus sinensis *'Zebrinus'* *wächst zu einem stattlichen Büschel mit gestreiften Blättern heran. Die fedrigen Blütenstände erscheinen im Spätsommer.*

◄ *Einige einfache Steinskulpturen verdichten die fernöstliche Atmosphäre des Gartens.*

Das ist Ihr Garten, wenn Sie:

- eine beruhigende und besänftigende Umgebung wünschen, um in Ruhe zu entspannen,
- gerne das Geräusch plätschernden Wassers aus einem Brunnen hören,
- geometrisches, minimalistisches Design mögen,
- sich einen wirklich pflegeleichten Garten wünschen.

Pflegeplan: Stein- und Kiesgarten

- Rechen Sie den Kies von Zeit zu Zeit glatt und ergänzen Sie ihn, sofern erforderlich.
- Entfernen Sie abgestorbene Blätter von Funkien, Farnen und Gräsern im Vorfrühling (wenn dies nicht schon im Herbst erledigt wurde).
- Entfernen Sie einige Teichpflanzen, wenn sie zu stark wuchern.

◀ **Fatsia japonica** ***hat beeindruckende Blätter und Blüten. Vorsicht, die Zimmeraralie ist nicht winterhart.***

Die 10 besten Pflanzen

Asplenium scolopendrium (Streifenfarn)
Dryopteris filix-mas (Wurmfarn)
Fatsia japonica (Zimmeraralie, nicht winterhart)
Hakonechloa macra **'Aureola'** (Japanwaldgras, nicht winterhart)
Hedera helix (Efeu)
Hosta sieboldiana **var.** ***elegans*** (Funkie)
Imperata cylindrica **'Rubra'** (Alang-Alang Gras)
Juniperus communis **'Compressa'** (Wacholder)
Miscanthus sinensis **'Zebrinus'** (Chinaschilf)
Phyllostachys nigra (Bambus)

Die Auswahl der Pflanzen

In diesem Garten wachsen nicht viele Pflanzen, er besticht vor allem durch die großen Felsbrocken und Bambusstäbe. Die wenigen Pflanzen wurden jedoch gezielt aufgrund Ihrer körperlichen Wirkung ausgewählt: Hohe, überhängende Farne und die Funkien bilden im Sommer elegante Wedel und Blätter, während die säulenförmige Konifere dem Garten ganzjährig Struktur und Farbe verleiht. Auch die Zimmeraralie wurde wegen Ihrer großen, auffallenden Blätter und der Struktur gebenden Wirkung ausgesucht.

Man kann den langsam wachsenden Bambus leicht unter Kontrolle halten; das große Alang-Alang Gras (*Imperata cylindrica* 'Rubra') bezaubert im Sommer durch seine Farbe, während sein Kübel noch im Winter – wenn das Gras abgestorben ist – als Blickfang dient.

Sauerstoff produzierende Pflanzen halten das Wasser des Teiches klar, die Seerose belebt die Oberfläche.

Begrenzungen der Kiesfläche

Damit sich der Kies nicht im Garten ausbreitet, sollte die Kiesfläche eingefasst werden. Sie können die verschiedensten Materialien verwenden, solange sie das minimalistische Bild des Gartens nicht stören. Setzen Sie Ziegel, Steinplatten, Kantensteine oder imprägnierte Holzleisten in die Erde, sodass sie die Fläche um wenige Zentimeter überragen. Beschränken Sie sich auf ein Material.

Spezielle Einfassungssteine geben dem Kiesgarten ein klassisches, ein Bleistreifen ein modernes Flair. Senken Sie einen 20 cm breiten Bleistreifen rund 10 cm tief in die Erde und ritzen Sie ein einfaches Muster in die Oberkante ein.

Als Alternative bieten sich druckimprägnierte Holzleisten an (2,5 cm stark und 12,5 cm breit). Senken Sie die Leisten so tief ein, dass sie etwa 5 cm über den Kies reichen.

Ausgesprochen fernöstlich wirken eine Reihe aus großen Bambusröhren oder in Zement gesetzte Feld- oder Kieselsteine.

Statuen und dekorative Objekte

Wenige, sorgfältig ausgewählte Objekte können einen minimalistischen Garten wohltuend unterstreichen – sie dienen als Blickpunkte und verleihen ihm Charakter. Weniger ist mehr!

Dabei brauchen Sie nicht viel Geld auszugeben: Ein verwitterter Felsen oder ein knorriger Ast können genauso attraktiv sein wie eine teure Laterne im japanischen Stil. Es ist auch keinesfalls nötig, sich streng an das Thema zu halten: Einfache geometrische Objekte wie Steinkugeln oder Pyramiden können sehr wirkungsvoll sein. Legen Sie am besten drei bis fünf Steinkugeln unterschiedlicher Größe zusammen.

▼ Kies, große Felsbrocken, Bambus und Feldsteine fügen sich zu einem abwechslungsreichen und interessanten Bild zusammen. Sparsam eingesetzte Pflanzen unterstreichen das Design.

Ein einfacher Garten

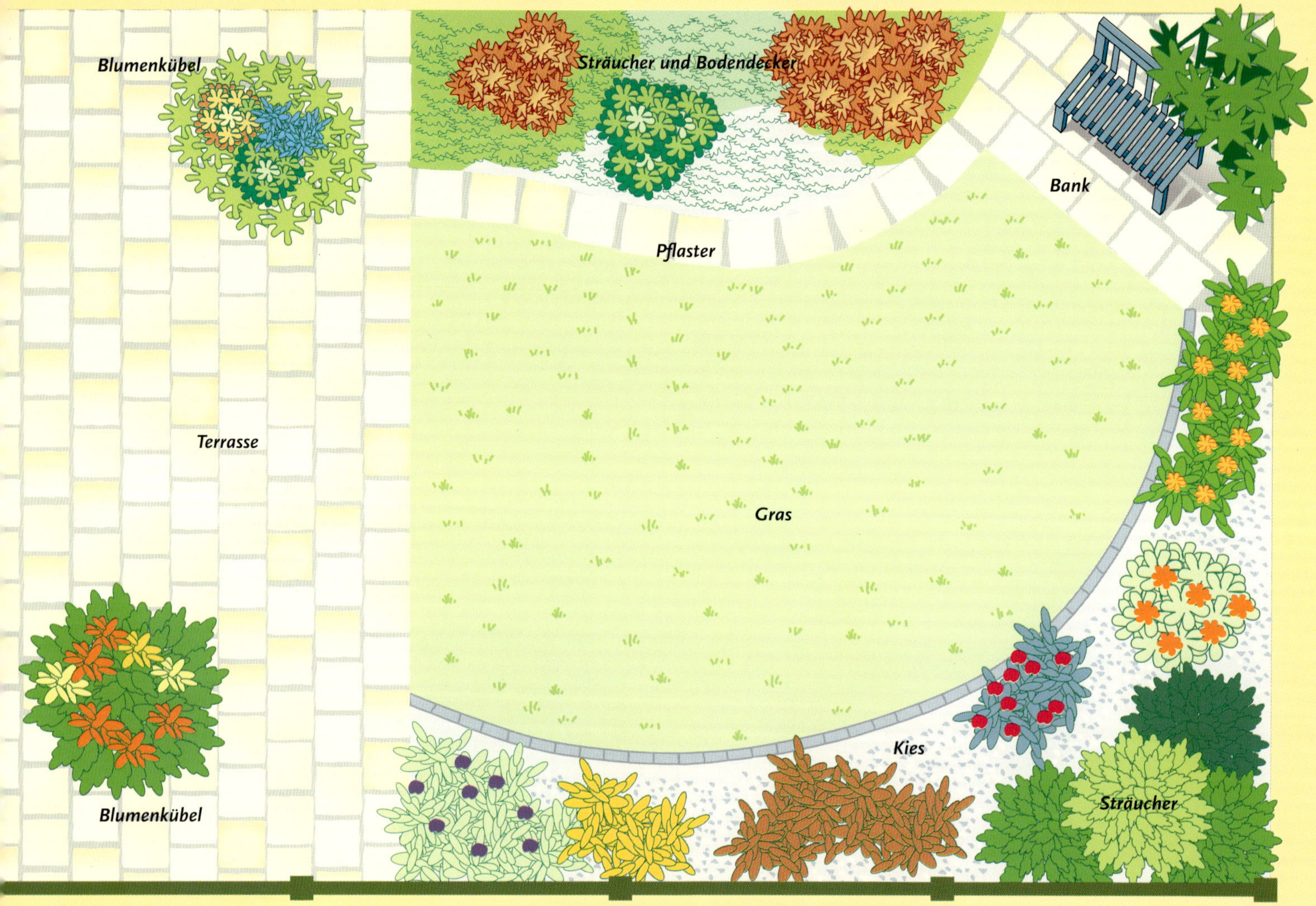

In diesem Garten wurden einige Grundelemente – Terrasse, Rasen und Blumenbeete – zu einem einfachen, pflegeleichten Garten verwoben. Man kann Gärten dieser Art so gut wie überall anlegen, da sich die Verbindung von festen Oberflächen und Pflanzen sowohl in städtische als auch in vorstädtische und ländliche Umgebung einfügt. **Pflegeaufwand** ●

2

Das spricht für diesen Garten

Die große, gepflasterte Terrasse am Haus bietet reichlich Raum für Esstisch mit Stühlen und Sonnenliegen. Sie kann durch farbige Blumenkübel, aber auch einfache Kräuter und Gemüse belebt werden.

Ein Plattenweg verbindet die Terrasse mit einem zweiten Sitzplatz, der im Schatten eines vorhandenen Baumes angelegt wurde. Während die Sträucher mit den Bodendeckern – bei minimalem Pflegeaufwand – für Blatt- und Blütenschmuck sorgen, finden in dem Kiesgarten am anderen Ende einige zusätzliche Sträucher und robuste, bunte Stauden Platz.

Die sanft geschwungene Rasenkante verbindet die einzelnen Elemente und lenkt den Blick auf die Bank, die in der Gartenecke als Blickpunkt dient. Die Biegung des Rasens lässt den Garten größer und weniger verschachtelt erscheinen. Außerdem stellt sie einen erwünschten Kontrast zu den geraden Linien der Terrasse und deren geometrischem Pflaster her. Der Rasen wird rundum von festen, etwas tiefer liegenden Kanten begrenzt. Sie erleichtern das Mähen und machen die Pflege der Rasenkante überflüssig. Aus den Beeten können keine Pflanzen mehr über den Rasen wachsen und beim Mähen stören bzw. zu kahlen Flecken führen.

▲ ***Obwohl man Kübel regelmäßig gießen muss, trocknen größere Behälter nicht so schnell aus. Werden die Kübel zusammengestellt, spart man ebenfalls Zeit.***

Das ist Ihr Garten, wenn Sie:

- einen Rasen für die Kinder brauchen,
- Pflanzen wünschen, die ganzjährig Farbe, Struktur und Form in den Garten bringen,
- keine Zeit mit Jäten verschwenden wollen,
- gerne auf der Terrasse sitzen und sich entspannen oder unterhalten,
- eine ruhige, private Ecke schätzen.

Pflegeplan: Ein einfacher Garten

- Mähen Sie im Sommer einmal wöchentlich den Rasen.
- Bepflanzen Sie, wenn nötig, die Kübel neu.
- Lichten Sie blühende Sträucher aus, damit sie besser blühen.
- Schneiden Sie die Stauden zurück; im Frühling oder wenn die Blätter absterben.
- Düngen Sie Sträucher und Blumen.
- Jäten und düngen Sie elegentlich den Rasen.
- Entfernen Sie im Herbst das Laub.

◂ **Geranium macrorrhizum** ***ist eine robuste Staude.***

Die 20 besten Pflanzen

Anthemis punctata **ssp.** ***cupaniana*** (Hundskamille)
Crataegus laevigata **'Paul's Scarlet'** (Weißdorn)
Dicentra spectabilis (Tränendes Herz)
Euonymus fortunei **'Emerald Gaiety'** (Spindelstrauch)
Geranium macrorrhizum (Storchschnabel)
Hedera **Arten und Sorten** (Efeu)
Hemerocallis **Arten und Sorten** (Taglilie)
Hypericum calycinum (Johanniskraut)
Ilex **x** ***altaclerensis*** **'Golden King'** (Stechpalme)
Jasminum nudiflorum (Winterjasmin)
Lavatera **'Barnsley'** (Bechermalve)
Nepeta **x** ***faassenii*** (Katzenminze)
Pelargonium **Arten und Sorten** (Pelargonie)
Potentilla fruticosa (Fingerkraut)
Ribes sanguineum (Zierjohannisbeere)
Rudeckia fulgida **var.** ***sullivantii*** **'Goldsturm'** (Sonnenhut)
Solidago **Arten und Sorten** (Goldrute)
Stachys byzantina (Wollziest)
Vinca major **'Variegata'** (Immergrün)
Viola **Mischung** (im Winter blühende Stiefmütterchen)

Die Auswahl der Pflanzen

Es kommt darauf an, dass die Pflanzen einerseits pflegeleicht sind, andererseits aber durch ihr Aussehen überzeugen. Alle hier aufgelisteten Pflanzen passen wunderbar in diesen Gartentyp.

Achten Sie darauf, stets einige Immergrüne aufzunehmen; sie sorgen auch im Winter für Hintergrund und Struktur. Sorten mit panaschierten Blättern wie der Spindelstrauch lohnen die Pflege das ganze Jahr über. Kombinieren Sie Pflanzen unterschiedlicher Höhen, denn ein Garten „in einer Ebene" wirkt rasch langweilig. So erheben sich hier die hohen Blütenstände der Goldrute über die Katzenminze. Stauden wirken intensiver, wenn man sie in Gruppen zu drei bis fünf pflanzt, während ein Gemisch verschiedener Pflanzen unordentlich und zusammengestückelt aussieht.

Zwar besteht die Hauptaufgabe der Bodendecker darin, das Unkraut zu unterdrücken, sie geben dem Garten aber auch Farbe und Struktur. Panaschierter Efeu ist leicht zu pflegen – schneiden Sie die Blätter im Frühling oder entfernen Sie kriechende Sprosse –, während das violettblaue Immergrün über dem Teppich panaschierter Blätter blüht.

Im Idealfall sollte zu jeder Jahreszeit etwas Farbe im Garten sein. Schon im Winter erscheinen die hübschen gelben Blüten des Winterjasmin, ab dem Frühsommer hellen die Blüten des Storchschnabel das Beet auf.

Stilistische Lösungen für Pflaster

Ziegelsteine und Klinker werden in großer Farbauswahl angeboten; durch geschickte Kombination lassen sich daher viele unterschiedliche Muster erzielen. Die genormten und gleichmäßigeren Klinker fügen sich besser in moderne Gärten ein. Ziegelsteine erscheinen in weicheren Farben und leicht variierenden Formen. Kaufen Sie nur frostfeste Ziegelsteine und erkundigen Sie sich, ob die gewünschten Klinker auch auf dem Boden Frost aushalten werden. Da Ziegelsteine, vor allem im Schatten, leicht glitschig werden, müssen sie von Zeit zu Zeit mit einem Mittel gegen Algen gesäubert werden.

Ziegelsteine und Klinker werden auf Sand über einer festen Schotterpackung verlegt.

Echte Natursteinplatten sind das wohl schönste Material für gepflasterte Flächen – und das bei weitem teuerste. Die Qualität von Kunststeinen reicht leider von realistisch bis völlig unecht. Am besten sind Steine mit strukturierter Oberfläche geeignet, wählen Sie daher mit Bedacht aus. Betonplatten sind regelmäßiger als Natursteine und haben meist eine völlig ebene Oberfläche, was sie ideal für Terrassen macht. Man bekommt sie in vielen Farbtönen, wobei die natürlichen Töne sich meist besser in einen Garten einfügen. Obwohl künstliche Farben in moderner Umgebung durchaus Ihre Berechtigung haben, sehen sie häufig kitschig und grell aus. Mit zerbrochenen Platten oder Steinen können Sie ein unregelmäßiges Pflaster verlegen. Da quadratische oder rechteckige Platten sich für die meisten Situationen eignen, sollten Sie Ihre Entscheidung gut überdenken. Eine Terrasse hält ein Leben lang; ganz gleich, was Sie mit dem Garten auch vorhaben, die Terrasse muss Ihnen gefallen. Verlegen Sie die Platten auf Sand über einer verdichteten Schotterpackung.

Echte Pflastersteine, z.B. aus Granit oder Basalt, lassen sich zwar schwerer verlegen, sehen aber als Wege, Begrenzungen oder auch zwischen Platten schön aus. Dank Ihrer unebenen Oberfläche wirken sie natürlich und fügen sich gut in viele Gärten ein, da man sie auch in Kurven oder schwingenden Mustern verlegen kann. Pflastersteine sind teuer, halten aber vieles aus.

▶ *Je kleiner die Fläche, desto einfacher sollte das Pflaster sein. Diese Ziegelsteine leiten den Blick auf die Bank, ohne von den Pflanzen abzulenken.*

Ein Naturgarten

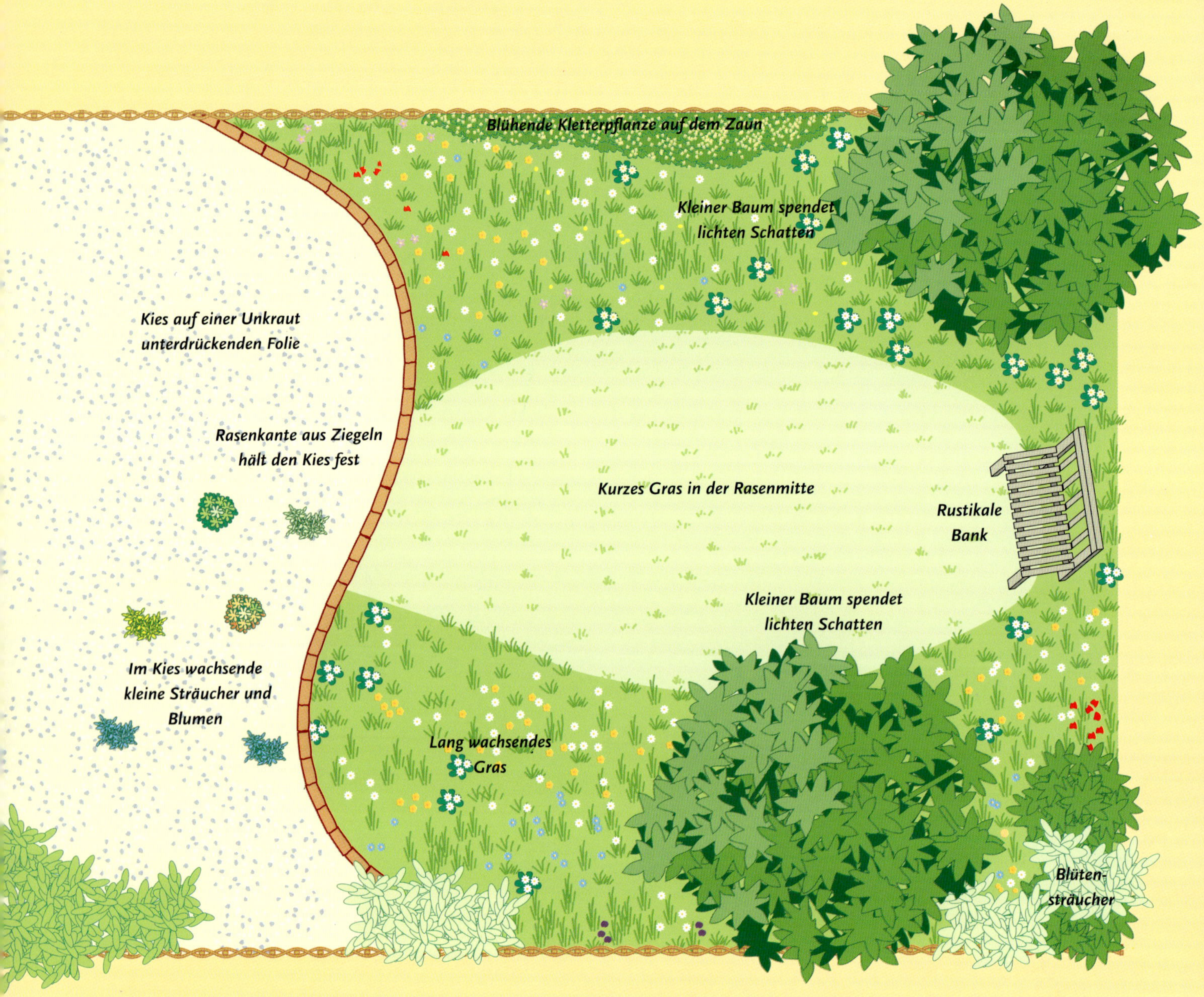

In ländlicher Umgebung sieht dieser naturnahe Stil perfekt aus, kann aber auch in der Stadt einen ruhigen Ort bilden, an dem man sich der Natur nahe fühlt. Die überschaubare Wildheit dieses hübschen, eingefriedeten Gartens wird durch Weidenflechtzäune auf beiden Seiten noch unterstrichen.

Pflegeaufwand ●

Das spricht für diesen Garten

Obwohl der Rasen insgesamt eine recht große Fläche einnimmt, hält sich das Mähen in Grenzen, da das Gras fast überall frei wachsen darf. Man schneidet das lange Gras nur im Vorfrühling und im Spätsommer, sodass sich einige Wildblumen wie Hahnenfuß und Gänseblümchen ansiedeln können; sie sorgen für Farbe und locken Insekten an. Nur das Gras in der Mitte wird kurz geschnitten – als Zugang zur Bank und für ein Picknick auf dem Rasen.

Auf der Kiesfläche am Haus können Tische und Stühle stehen. Einige Sträucher und kleine Pflanzen brechen die harten Linien.

Die geschwungene Rasenkante aus roten Ziegelsteinen erfüllt eine doppelte Aufgabe: Sie erleichtert das Mähen des Rasens und vermittelt den Übergang zwischen Gras und Kies. Eine gerade Linie an dieser Stelle hätte zu stark den quadratischen Grundriss des Gartens hervorgehoben.

Zwei vorhandene Bäume wurden in den Pflanzplan übernommen. Sie spenden Schatten für eine einfache Holzbank am Ende des Gartens. Möglicherweise müssen einige der unteren Äste ausgelichtet werden, damit mehr Sonne auf den Rasen fällt, der im Schatten nicht gut gedeiht.

▲ **Buddleja davidii** ***passt wunderbar in einen naturnahen Garten. Sie trägt nicht nur reichen Blütenschmuck, sondern lockt zahlreiche farbenfrohe Schmetterlinge und andere Insekten an.***

Das ist Ihr Garten, wenn Sie:

- einen pflegeleichten Garten mit natürlichem Aussehen mögen,
- möglichst viele Tiere in den Garten locken wollen,
- interessante Pflanzen mögen.

Pflegeplan: Naturgarten

- Im Sommer wird die Mitte des Rasens alle zwei Wochen gemäht.
- Das lange Gras wird zweimal jährlich gemäht; nur bis zu einer Höhe von 8 cm.
- Entfernen Sie zweimal jährlich unerwünschte Pflanzen aus dem langen Gras, z.B. Brennnesseln oder Brombeeren.
- Lichten Sie blühende Sträucher aus, damit sie besser blühen.
- Rechen Sie von Zeit zu Zeit den Kies glatt und füllen Sie ihn gegebenenfalls auf.

◂ **Prunus serrula** ***hat eine mahagonifarbene Rinde.***

Die 20 besten Pflanzen

Alchemilla mollis (Frauenmantel)
Berberis thunbergii (Sauerdorn)
Betula utilis* var. *jaquemontii (Himalaya-Birke)
Buddleja davidii (Schmetterlingsstrauch)
***Clematis montana* var. *rubens* 'Tetrarose'** (Waldrebe)
***Crataegus laevigata* 'Paul's Scarlet'** (Weißdorn)
Dipsacus fullonum (Karde)
Geranium macrorrhizum (Balkan-Storchschnabel)
Hedera helix (Efeu)
***Lamium maculatum* 'White Nancy'** (Taubnessel)
***Lavandula angustifolia* 'Hidcote'** (Lavendel)
***Lavatera* 'Barnsley'** (Bechermalve)
Lonicera periclymenum (Geißblatt)
***Malus* x *zumi* 'Golden Hornet'** (Zierapfel)
***Narcissus* Arten und Sorten** (Osterglocken)
Potentilla fruticosa (Fingerstrauch)
Prunus serrula (Japanische Blütenkirsche)
Sorbus aucuparia (Eberesche)
Tiarella cordifolia (Schaumblüte)
***Viburnum plicatum* 'Mariesii'** (Japanischer Schneeball)

Die Auswahl der Pflanzen

Alle Pflanzen für diesen naturnahen Garten zeichnen sich durch ihr hübsches, natürliches Aussehen aus. So bildet der Frauenmantel beispielsweise wolkenartige, zarte Blütenstände aus winzigen gelbgrünen Blüten über einem Polster attraktiver Blätter; die Taubnessel breitet sich zu einem Teppich aus silbrigen Blättern aus. Ein oder zwei kleine Bäume wie der problemlose *Malus* × *zumi* 'Golden Hornet' und *Betula utilis* var. *jaquemontii* spenden lichten Schatten. Wenn möglich, sollten Sie dort eine Grasmischung aussäen, die besser mit dem Schatten zurechtkommt.

Einige Blütensträucher wie der im Sommer blühende Schmetterlingsstrauch geben dem Garten mehr Struktur und verschönern ihn mit Ihren Blüten. Der Frühling beginnt mit den Farben der Osterglocken. Im Kies wachsen kleinere Polsterpflanzen, während Kletterpflanzen wie das duftende Geißblatt den Garten mit Ihren weichen Blättern und Blüten einrahmen.

Warum Kies?

Kies gehört zu den praktischsten und vielseitigsten Materialien in der Gartengestaltung. Er hält den Boden feucht, reduziert die Menge des Gießwassers und – sofern er auf einer Folie ausgestreut wird – macht Jäten, Gießen und Mulchen überflüssig.

1 Graben Sie kleinere Pflanzen aus, ohne den Wurzelballen zu schädigen; sie kommen an einen schattigen Ort. Bleiben die Pflanzen bei warmem Wetter längere Zeit liegen, werden die Ballen in Plastiktüten eingepackt und feucht gehalten. Arbeiten Sie um größere Pflanzen herum.

2 Jäten Sie das Beet und entfernen Sie die Wurzeln mehrjähriger Unkräuter. Rechen Sie den Boden glatt und drücken Sie ihn etwas mit den Füßen fest.

3 Legen Sie eine dicke Plastik- oder eine Unkraut unterdrückende Folie auf die Erde. Schneiden Sie Löcher für die vorhandenen Pflanzen hinein und lassen Sie keine Lücken zwischen Folienstreifen offen.

4 Setzen Sie die übrigen Pflanzen durch kreuzförmig eingeschnittene Löcher zurück in die Erde und wässern Sie sie gut.

5 Umgeben Sie die Kiesfläche mit einer geeigneten Begrenzung (siehe S. 67) und füllen Sie 2–3 cm hoch Kies auf.

Wilde Wiese – leichtes Mähen

Statt die Rasenfläche regelmäßig zu mähen, sollte ein Teil des Grases frei wachsen dürfen. Hohes Gras kann attraktiv aussehen und sogar einem Stadtgarten einen Hauch von Wildnis verleihen. Wenn Ihnen dieser Schritt zu weit geht, mähen Sie nur den Teil, der an die Terrasse anstößt, und lassen Sie das weiter entfernte Gras wachsen. Vor allem auf Hängen oder Geländestufen sparen Sie damit sehr viel Zeit.

Versuchen Sie einige Wildblumen ins Gras zu pflanzen. Ohne Hilfe eines Experten ist es zwar kaum möglich, eine wirklich „wilde“ Wiese zu schaffen, aber meist reichen einige Pflanzen schon aus, so z.B. Osterglocken, die sich im Frühling heiter im Gras zeigen. Die Wiese wird nur im Vorfrühling und Spätsommer gemäht, wobei das Gras nicht kürzer als 8 cm sein sollte. Entfernen Sie unerwünschte Pflanzen wie Brennnesseln und Brombeeren, sobald sie erscheinen, sonst verdrängen sie die übrigen Pflanzen.

▲ *Von Kies heben sich viele Pflanzen sehr effektiv ab, besonders Arten mit silbernen Blättern kommen außerordentlich gut zur Geltung.*

◄ *Dank Ihres weichen, natürlichen Aussehens passt* Alchemilla mollis *sehr gut in einen naturnahen Garten.*

3

BEPFLANZEN

Selbst ein kleiner, minimalistischer Garten kommt nicht ohne einige Pflanzen aus. Andererseits sind es gerade die Pflanzen, die in einem Garten die meiste Arbeit machen. Dennoch ist es möglich, ein Beet so zu planen, dass aufwändige Arbeiten wie Jäten, Gießen und Pflege der Pflanzen auf ein Minimum reduziert werden – in der freien Zeit können Sie dann die Schönheit und die Vorteile einiger weniger Pflanzen genießen und sogar leckere Kräuter und Gemüse selbst ziehen.

Die wichtigste Voraussetzung für ein leicht zu pflegendes Beet sind Pflanzen, die mit den vorhandenen Bedingungen optimal zurechtkommen. Im Schatten brauchen Sie natürlich Schattenpflanzen, in sonnigen Beeten Pflanzen, die Sonne lieben. Hinzu kommen die Bodenansprüche. Es macht keinen Sinn, eine Mittelmeerpflanze wie den Rosmarin in ein feuchtes Beet zu setzen, denn Sie werden gleich mehrere Enttäuschungen erleben: Der Strauch wird nur kümmerlich wachsen, und selbst wenn er die ersten Jahre überleben sollte, müssen Sie ihn letztlich wieder entfernen. Pflanzen, die an den Standort angepasst sind, bleiben gesund, werden kaum krank, wachsen üppig und ersparen Ihnen später viel Arbeit.

Die richtige Entscheidung zu treffen ist schon die „halbe Miete“, es gibt aber außerdem noch Pflanzen, die sich mit weniger Aufwand pflegen lassen als andere. Wählen Sie Pflanzen, die von Natur aus weniger anfällig gegen Krankheiten sind, die nicht ausgelichtet und beschnitten werden müssen und die gut mit Trockenheit fertig werden.

Neben Vorschlägen finden Sie in diesem Kapitel auch einige einfache Pflanzpläne mit den auf den Seiten 140–147 aufgelisteten Pflanzen – Sie können die Pläne übernehmen oder an Ihren Garten anpassen. Lehnen Sie sich zurück und genießen Sie den Anblick.

„Pflanzen, die an den Standort angepasst sind, bleiben gesund, werden kaum krank, wachsen üppig und ersparen Ihnen später viel Arbeit.“

◄ ***Einjährige wie Mohn oder Sonnenblumen kann man direkt in die Erde säen, um Lücken zwischen den Beetpflanzen zu füllen.***

▲ *Wenn Sie nach Pflanzen für einen leicht zu pflegenden Garten suchen, berücksichtigen Sie Bodenart und Klima: Angepasste Arten gedeihen besser und brauchen weniger Pflege.*

◄ *Das beste Mittel gegen Unkräuter ist, ihnen keinen Platz zu lassen. Dicht gepflanzte Mehrjährige wie* Lavandula angustifolia *'Hidcote' unterdrücken das Unkraut.*

Anspruchslose Blumenbeete

Nach dem Plan kommt die Bepflanzung – halten Sie sich an folgende Goldene Regel: Wählen Sie angepasste, leicht zu pflegende Pflanzen, bieten Sie ihnen die Bedingungen für gesundes Wachstum und unterdrücken Sie Unkräuter, die ihnen Wasser und Nährstoffe streitig machen.

Welche Bodenart haben Sie?

Die Art Ihres Gartenbodens bestimmt die Auswahl der möglichen Pflanzen. Nehmen Sie eine Hand voll feuchter Erde und prüfen Sie, ob sie tonig, sandig oder lehmig ist. Aus Tonböden können Sie stabile, flexible Kugeln formen, die auf Druck nicht zerfallen. Sandböden fühlen sich körnig an und die Kugeln zerbröseln bei leichtem Druck. Mit etwas Glück liegt Ihre Bodenart in der Mitte, dann haben Sie lehmigen Boden. Arbeiten Sie in tonige oder sandige Böden größere Mengen von gut verrottetem, organischem Material ein wie Laubhumus, Gartenkompost oder Stallmist bevor Sie die ersten Pflanzen einsetzen. Selbst dann sollten die ausgewählten Arten an den Boden angepasst sein, gleichgültig ob Sie schweren, feuchten Ton- oder leichten, durchlässigen Sandboden haben.

Außerdem sollten Sie überprüfen, ob Ihr Boden sauer oder basisch reagiert, denn der Boden-pH-Wert hat großen Einfluss auf die Pflanzen. Kaufen Sie sich ein einfaches pH-Bestimmungs-Set (z.B. in einem Gartencenter) und befolgen Sie die Anweisungen auf der Packung. Entnehmen Sie Bodenproben an verschiedenen Stellen Ihres Gartens. Auf neutralem Boden (pH leicht sauer bis leicht basisch) gedeihen alle Pflanzen, die auf den Seiten 140–147 aufgelistet sind. Bei sehr sauren bzw. sehr alkalischen Böden sollten Sie in der Gärtnerei nach entsprechenden Pflanzen fragen. Es hat keinen Sinn, eine Pflanze zum Wachstum in ungeeignetem Boden zu zwingen; sie wird nicht gedeihen und irgendwann müssen Sie sie ersetzen.

▲ Diese Pflanzen brauchen durchlässigen Boden und würden bei Staunässe rasch sterben. Kies und Steinplatten unterstreichen das wüstenhafte Flair, das gut zu den ausgewählten Pflanzen passt.

Liegt Ihr Garten in der Sonne oder im Schatten?

Das Verhältnis von Sonne und Schatten bestimmt maßgeblich die Auswahl der Pflanzen. Schattenpflanzen werden in der Sonne verbrennen und welken, während eine Sonnenpflanze im Schatten kümmert und kaum blüht. Wählen Sie daher für attraktive und unkomplizierte Blumenbeete unbedingt die richtigen Pflanzen.

Haben Ihre Pflanzen unter Kindern oder Tieren zu leiden?

Wenn Kinder oder Hunde in Ihrem Garten spielen dürfen, sollten Sie möglichst Pflanzen aussuchen, die einen Tritt oder hart getretenen Ball aushalten. Stauden mit zarten Stängeln, zierlichem Wuchs oder sehr kleine Pflanzen werden ohnehin bald verschwinden. Der einzige sichere Schutz vor den schlimmsten Auswirkungen von Füßen und neugierigen Hunden wäre ein niedriger Zaun um die Beete.

Goldene Regeln für pflegeleichte Staudenbeete

Neben der Auswahl der richtigen Pflanzen kommt es auch darauf an, die Staudenbeete arbeitssparend einzurichten. Mit einigen einfachen Maßnahmen pflegen sie sich beinahe von alleine.

- Legen Sie kleine Beete an.
- Richten Sie Einfassungen ein.
- Pflanzen Sie in kleinen Abständen.

Kleine Beete machen zwangsläufig weniger Arbeit als große. Wenn Sie den Beetanteil zugunsten fester Oberflächen reduzieren, kommen die verbleibenden Beetflächen umso wirkungsvoller zur Geltung. Wählen Sie Standorte, die aus mehreren Blickwinkeln attraktiv sind, dann erscheint das Beet üppiger. Lange, schmale Beete kann man sehr leicht pflegen: Sie erreichen alle Pflanzen von den Seiten, ohne auf die Erde treten zu müssen – so sparen Sie das lästige Auflockern des Bodens. Alternativ können Sie auch einige Platten ins Beet legen.

Beetbegrenzungen wie Ziegelsteine, Balken oder Kantensteine halten Erde und Mulch zurück, die sonst auf Wege oder Platten verteilt würden. Grenzt das Beet an den Rasen, sollten Sie eine feste Rasenkante anlegen, denn regelmäßige Kantenpflege kostet Zeit und ist lästig (siehe S. 132–133).

Zwischen dicht an dicht gepflanzten Blatt- und Blütenstauden vermag kein Unkraut hochzukommen. Außerdem unterstützen sich die Pflanzen gegenseitig, sodass Sie das Abstützen sparen. Dieser Trick funktioniert sowohl bei unterschiedlichen wie bei Gruppen gleichartiger Pflanzen. Allerdings sollten Sie vermeiden, die Stauden zu dicht zu setzen, sonst sieht Ihr Beet überfüllt aus.

▲ ***Diese Rabatte wird von einer dekorativen Ziegelreihe und einer Rasenkante eingefasst – eine ansprechende und praktische Lösung.***

Ein optimaler Start

Damit Ihre Pflanzen gesund und ohne Hilfe wachsen und bald jedes Stück freier Erde bedecken, sollten Sie:

- zunächst den Boden verbessern,
- standortgemäße Pflanzen (Sonne/Schatten, Boden) auswählen,
- nach dem Einpflanzen reichlich gießen,
- regelmäßig düngen, damit die Pflanzen wüchsig bleiben.

Ganzjährige Farbe

In Gärten mit reduzierten Beetflächen sind Pflanzen, die ganzjährig für Farbe und Abwechslung sorgen, besonders wichtig – jede muss Ihren Platz verdienen. Während viele Pflanzen mit hübschen Blütenfarben aufwarten, haben andere zusätzlich dekorative Beeren im Herbst, eine attraktive Rinde, die auch im Winter noch überzeugt, oder hübsches panaschiertes Laub, das während des ganzen Jahres interessant aussieht.

Dabei kommt es nicht nur auf die „Stars" im Beet an, wichtig ist auch das Zusammenspiel der Pflanzen. Eine hat vielleicht wunderschöne Frühlingsblüten, eine andere bildet reizvolle Sommerfrüchte, eine dritte dekoratives Herbstlaub und wieder eine andere ist immergrün. Auf diese Weise bleibt das Gesamtbild stets abwechslungsreich.

Natürlich können Sie auch mit Accessoires für Farbe sorgen: Leuchtend gestrichene Zäune oder Holzdecks sind auch im tiefen Winter noch bunt, während Statuen und Zierelemente einer Terrasse zu jeder Zeit ein bestimmtes Flair verleihen.

▲ ***Das immergrüne Laub von* Elaeagnus pungens *'Maculata' setzt das ganze Jahr über einen farbigen Akzent.***

Farbenkalender

Frühling	Sommer	Herbst	Winter
Zwiebeln und Knollen wie Krokusse, Osterglocken oder Träubelhyazinthen	Einjährige Sommerblumen wie *Eschscholzia*, *Nigella* und Pelargonien	Buntes Laub der Bäume und Sträucher	Farbige Rinde von *Prunus* und *Betula*
Früh blühende Stauden wie *Doronicum orientale*, *Brunnera* und *Dicentra spectabilis*	Stauden wie *Nepeta*, *Hemerocallis* und *Crocosmia*	Spät blühende Stauden wie *Solidago* und Sonnenhut	Im Winter blühende Zwiebeln und Knollen
Blütensträucher wie *Berberis*, *Ribes* und *Viburnum plicatum*	Blütensträucher wie Schmetterlingsstrauch, Hortensien und Lavendel	Blütenstände der Ziergräser	Immergrünes Laub wie bei einigen Formen von *Pulmonaria*, *Saxifraga* × *urbium* und Hauswurz
Blühende Bäume wie *Malus* und *Prunus*	Im Sommer blühende Zwiebeln wie *Allium*	Früchte auf Bäumen und Sträuchern wie *Malus*, *Cotoneaster*, *Pyracantha*, Zierquitte und Stechpalme	Fruchtstände der Gräser
Sich entfaltende Farnwedel	Blattpflanzen wie Ziergräser und Frauenmantel	Hagebutten	Verblühte Köpfchen von *Sedum spectabile* und anderen Stauden
Kätzchen auf *Corylus* und *Salix*	Immergrünes Laub	Immergrünes Laub	Blütensträucher wie *Jasminum nudiflorum*, *Hamamelis* und Mahonien
Immergrünes Laub wie bei *Santolina*, Ölweide, *Ilex* und Wacholder			Immergrünes Laub
			Winterblumen wie Stiefmütterchen und Primeln

Immergrüne

Bäume und Sträucher sorgen zwar während Ihrer Vegetationsperiode für Farbe und Struktur, doch nur Immergrüne hellen auch den Winter mit ihrem Laub auf. Entscheiden Sie sich für langsam wachsende Sorten, die nicht so häufig ausgelichtet werden müssen. In der Tat brauchen die meisten Immergrünen, darunter auch Nadelgehölze, gar nicht geschnitten zu werden. Wenn Sie eine anspruchslose Rabatte anstreben, sollten Sie sie mit verschiedenen immergrünen Sträuchern bepflanzen. Stellen Sie eine Mischung aus aufrechten großen und kleinen gedrungenen Formen zusammen, kombinieren Sie grünes mit blauem, gelbem, bronzefarbenem oder panaschiertem Laub. Denken Sie auch an Sträucher mit Blüten. Immergrüne unterdrücken außerdem das Unkraut, da sie den Boden beschatten.

▲ *In diesem Beet aus Immergrünen mischen sich verschiedene Blattfarben und -strukturen, Pflanzenformen und -größen zu einem Stilleben, das ganzjährig für Abwechslung sorgt.*

Ganzjährig interessante Pflanzen

Art	Frühling	Sommer	Herbst	Winter
Ajuga reptans 'Burgundy Glow' (Kriechender Günsel) **L**	blaue Blüten	blaue Blüten	purpurne Blätter	purpurne Blätter
Aucuba japonica 'Crotonifolia' (Aukube) **I**	kleine, rote Blüten	panaschierte Blätter	rote Beeren	panaschierte Blätter
Berberis stenophylla (Sauerdorn) **I**	gelbe Blüten	glänzende Blätter	blaue Beeren	glänzende Blätter
Bergenia cordifolia 'Purpurea' (Bergenie) **I**	rosa Blüten	rot überhauchte Blätter	rot überhauchte Blätter	rosa Blüten
Betula utilis var. *jaquemontii* (Himalaya-Birke) **L**	Kätzchen	hellgrüne Blätter	gelbe Blätter	weiße Rinde
Elaeagnus pungens 'Maculata' (Ölweide) **I**	panaschierte Blätter	panaschierte Blätter	weiße Blüten	rote Beeren
Fatsia japonica (Zimmeraralie) **I**	glänzende Blätter	große, glänzende Blätter	cremefarbene Blüten	schwarze Früchte
Hakonechloa macra 'Aureola' **L**	gestreifte Blätter	Fruchtstände	rot überlaufende Blätter	rostbraune Triebe
Hamamelis × intermedia (Zaubernuss) **L**	Blätter	Blätter	rot-gelbe Blätter	duftende, gelbe Blüten
Hedera helix (Efeu) **I**	glänzende Blätter	glänzende Blätter	grünlich-weiße Blüten	schwarze Beeren
Ilex × altaclerensis 'Golden King' (Stechpalme) **I**	weiße Blüten	panaschierte Blätter	rote Beeren	panaschierte Blätter
Mahonia japonica (Mahonie) **I**	blaue Früchte	gut strukturiertes Laub	gut strukturiertes Laub	gelbe Blüten
Prunus serrula (Japan. Blütenkirsche) **L**	weiße Blüten	rote Früchte	gelbe Blätter	kupferfarbene Rinde
Sedum spectabile (Fetthenne) **L**	fleischige Blätter	rosa Blüten	rosa Blüten	braun verwelkte Blüten

Nützliche Bodendecker

Vielleicht sind Bodendecker die eleganteste Lösung, ein Staudenbeet zu bepflanzen: Sie wachsen direkt über der Erde, bis sie eine durchgehende Schicht bilden und unterdrücken jegliches Unkraut. Da viele attraktive Arten zur Auswahl stehen, müssen Bodendecker nicht zwangsläufig langweilig sein. Die meisten Bodendecker wachsen flächenhaft niedrig. Dennoch braucht das Beet nicht flach und einfallslos auszusehen, da man dazwischen höhere Formen pflanzen kann.

Wer plant, einen pflegeleichten Garten anzulegen, sollte daher in Beeten und Rabatten eine gute Auswahl an Bodendeckern verteilen. In gewisser Weise wirken sie wie Kies- oder Rindenmulch, da sie die Erde abdecken und einjährigen Unkräutern keine Chance lassen, das Beet zu erobern. Auf diese Weise reduzieren Sie den Arbeitsaufwand, der nötig ist, um das Beet gepflegt zu halten.

Alle Pflanzen mit dichtem Laub können als Bodendecker dienen; es kommt nur darauf an, sie so eng zu pflanzen, dass kein Licht zum Boden durchdringt.

Auch wenn Sie die einjährigen Unkräuter mit Bodendeckern eindämmen können, die mehrjährigen werden weiter wachsen. Entfernen Sie daher gründlich alle Wurzeln von Unkräutern, bevor Sie ein Beet neu bepflanzen. Nach dieser Arbeit kommt eine dicke Schicht Mulch auf das Beet, sonst würden die Unkräuter mit Freuden die einladende Fläche wieder besiedeln. Ideal ist Rindenmulch, der etwa 5 cm hoch aufgeschichtet wird.

▲ **Santolina chamaecyparissus *'Lemon Queen' hat silbrig schimmernde Blätter, die sich im Sommer mit knopfartigen Blütenständen schmücken und fühlt sich in durchlässigen Böden in der Sonne wohl.***

Tipps für Bodendecker

- Entfernen Sie alle Unkräuter und reichern Sie den Boden reichlich mit organischem Material an, damit die Bodendecker einen guten Start haben.
- Wählen Sie die Arten nach dem Standort aus, berücksichtigen Sie Bodenart, Sonne und Schatten.
- Nehmen Sie schnell wachsende Pflanzen, die schon bald eine durchgehende Schicht bilden.
- Wachsen die Pflanzen über oberirdische Ausläufer, sollten Sie den Boden in der Phase des Wachstums mit Folie und einer Mulchschicht abdecken, damit sich keine Unkräuter etablieren können.
- Wachsen die Pflanzen über kriechende Wurzeln, sollten Sie den Boden mit Kompost mulchen, damit keine Unkräuter die Fläche erobern. Wahrscheinlich werden Sie ein Jahr lang jäten müssen, bis die Bodendecker wirklich das gesamte Beet abdecken; denken Sie daran, dass Sie danach jahrelang nicht mehr jäten müssen.

◄ ***Lungenkraut kann ein hübscher Bodendecker sein; es wächst im Schatten mit silbrig gefleckten Blättern und bildet blaue, weiße oder rote Blüten.***

Die 15 besten Bodendecker

Acanthus spinosus (Akanthus)
***Ajuga reptans* 'Burgundy Glow'** (Kriechender Günsel)
Anthemis punctata* ssp. *cupaniana (Hundskamille)
***Bergenia cordifolia* 'Purpurea'** (Bergenie)
Brunnera macrophylla (Kaukasus-Vergissmeinnicht)
Epimedium grandiflorum (Elfenblume)
Geranium macrorrhizum (Balkan-Storchschnabel)
***Hedera* Arten und Sorten** (Efeu)
***Heuchera micrantha* var. *diversifolia* 'Palace Purple'** (Purpurglöckchen)
Hypericum calycinum (Johanniskraut)
***Lamium maculatum* 'White Nancy'** (Taubnessel)
Pulmonaria officinalis (Lungenkraut)
Santolina chamaecyparissus (Heiligenkraut)
Saxifraga* x *urbium (Steinbrech)
***Vinca major* 'Variegata'** (Immergrün)

Mulch auswählen

Material	Vorteile	Nachteile
Schwarze Plastikfolie	Preiswert, überall erhältlich, effektiv	Unansehnlich
Rindenstücke	Sieht in fast jedem Garten natürlich aus	Größere Stücke wirken nicht attraktiv
Stallmist	Gut für die Bodenverbesserung	Darf nicht frisch verwendet werden, enthält u.U. Unkrautsamen
Grasschnitt	Überall erhältlich, geeignet für nicht sichtbare Teile des Beetes	Nicht attraktiv, darf nicht so hoch geschichtet werden
Kies	Attraktiv, überall erhältlich	Nicht für alle Rabatten geeignet, vermischt sich mit dem Boden (außer man legt eine Folie darunter), muss regelmäßig ergänzt werden, „wandert" in die Nachbarschaft
Blattkompost	Sieht natürlich aus, gut für die Bodenverbesserung	Kann nur selbst hergestellt werden
Pilzkompost	Gut für die Bodenverbesserung	Darf nicht frisch verwendet werden, enthält Kalk und ist daher für Säure liebende Pflanzen nicht geeignet

◄ ***Bergenien haben große, glänzende Blätter, die häufig rot oder purpur überhaucht sind. Sie kommen mit fast allen Bedingungen zurecht und bilden von Spätwinter bis Frühling hübsche rosa Blüten.***

Pflanzen für Problemzonen

In fast jedem Garten gibt es Problemzonen, für die nicht unmittelbar ersichtlich ist, wie man vorgehen soll oder welche Pflanzen dort gedeihen. Da es im Garten keine unlösbaren Probleme gibt, sollten Sie solche Bereiche als Herausforderung ansehen und sich nach den folgenden Vorschlägen richten.

Schatten

Pflanzen für tiefen Schatten zu finden ist nicht ganz einfach. Häufig wird das Problem noch durch einen Baum verstärkt, dessen Wurzeln dem Boden viele Mineralien und Wasser entziehen. Es ist fast unmöglich, unter diesen Umständen Gras auszusäen. Allerdings bieten sich zwei Lösungswege an: Sie können die Situation akzeptieren und unter dem Baum einen schattigen Sitzplatz oder einen Kinderspielplatz anlegen. Streuen Sie eine Schicht Rindenmulch aus, um das Unkraut zu unterdrücken und eine Waldatmosphäre zu schaffen. Halten Sie den Mulch mit Begrenzungsbohlen zusammen und stellen Sie einige Schattenpflanzen (z.B. Funkien) in Kübeln dazu, die für Farbe sorgen.

Die zweite Möglichkeit wäre ein Schattenbeet. Arbeiten Sie gut verrotteten Kompost in den Boden ein, um die Feuchtigkeit zu speichern, und pflanzen Sie farbigen Efeu, Farne, Elfenblumen, *Tolmiea menziesii*, Schneeglöckchen, *Saxifraga* x *urbium* und Lungenkraut. Decken Sie das Beet reichlich mit organischem Material ab, das Sie jedes Jahr erneuern.

▲ ***Schneeglöckchen** (Galanthus **Arten und Sorten) gedeihen an Stellen, die fast ganzjährig im Schatten liegen. Sie schmücken den Garten schon im Spätwinter mit lang erwarteter Farbe.***

Steile Geländestufen

Es macht keinen Spaß, mit dem Rasenmäher einen steilen Hang zu mähen; mit Bodendeckern lösen Sie dieses Problem viel eleganter. Wählen Sie Pflanzen, die mit der vorhandenen Situation zurechtkommen – prüfen Sie Bodenart, Sonne und Beschattung. Versuchen Sie nicht, größere Flächen mit derselben Art abzudecken, viel interessanter wirkt eine Mischung unterschiedlicher Pflanzen, sofern sie den Boden abdecken und das Unkraut unterdrücken. Allerdings sollten Sie auch nicht zu viele Arten einsetzen, sonst erscheint das Beet zusammengestückelt (siehe Pflanzenliste auf S. 85).

Als Alternative für Geländestufen bietet sich eine wilde Wiese an, vor allem wenn ein Staudenbeet angrenzt (siehe S. 74–75). Lassen Sie das Gras lang wachsen und pflanzen Sie einige Wildblumen und Zwiebeln ein. Da diese Fläche zweimal pro Jahr gemäht werden muss, ist diese Lösung etwas arbeitsintensiver als die Variante mit Bodendeckern.

Schwerer Ton

Obwohl sich Ton nur schwer bearbeiten lässt, zu Staunässe neigt und im Sommer hart wie Beton wird, hat er auch Vorteile. Ton speichert bei Trockenheit Wasser und Mineralien und ist daher fruchtbarer als andere, leichtere Böden. Arbeiten Sie daher so viel organisches Material wie möglich ein, z.B. angerotteten Stallmist oder Gartenkompost. Versuchen Sie, die feuchten Tonklumpen so weit wie möglich zu zerkleinern. Damit verbessern Sie die Bodenstruktur und erweitern das Spektrum möglicher Pflanzen. Dennoch sollten Sie auf Arten verzichten, die trockene, durchlässige Böden brauchen. Viel besser geeignet sind die meisten Farne, Funkien, Taglilien (*Hemerocallis*), Hopfen (*Humulus lupulus* 'Aureus'), Stechpalme, Astilben und Phlox.

▶ ***Auch wenn Sie sich viel Mühe mit der Bodenverbesserung geben – am besten kommen Pflanzen zurecht, die ohnehin an schwere Böden angepasst sind wie Farne und Funkien.***

Moorige Böden

Natürlicherweise feuchte oder moorige Böden sollten Sie als Geschenk, nicht als Last verstehen. Es gibt eine Reihe wundervoller Pflanzen, die damit zurechtkommen – manche Gärtner legen sogar spezielle Moorgärten an. Arbeiten Sie reichlich gut verrotteten Gartenkompost, Mist oder anderes organisches Material ein, um die Bodenstruktur zu verbessern. Pflanzen Sie Funkien, Zierrhabarber mit riesigen Blättern, Zimmerkalla und Feuchtigkeit liebende Farne ein. Begrenzen Sie das Beet mit Ziegeln oder Holzbohlen – je nachdem, welche Wirkung Sie erzielen wollen – und führen Sie einen Pfad aus Bohlen oder unregelmäßigen Steinplatten hindurch, damit Sie das Beet bearbeiten können.

Trockene Ecken in praller Sonne

Es gibt zwar mehr Sonnen- als Schattenpflanzen, aber nur wenige, die es den ganzen Tag in grellem Sonnenlicht aushalten, noch dazu in trockenem Boden. Zuerst müssen Sie reichlich organisches Material zugeben, damit der Boden mehr Wasser speichern kann. Auch Kies als Mulch, der über einer dicken Plastikfolie ausgebreitet wird, kann den Boden vor Austrocknung schützen. Kies bringt außerdem die Pflanzen gut zur Geltung und unterdrückt Unkräuter. Entscheiden Sie sich für mediterrane, trockenresistente Pflanzen wie Rosmarin, Fingerkraut, Ginster, Heiligenkraut, Wacholder, Lavendel, Goldmohn, Berufkraut, Pelargonien, Ringelblume und Thymian, die in kreuzförmige Einschnitte in der Folie gepflanzt werden. Auf Seite 92 wird ein mediterraner Garten vorgestellt.

Pflanzen, die man sich selbst überlassen darf

Die Beete in einem pflegeleichten Garten brauchen Pflanzen, die man sich selbst überlassen kann oder die nur minimalen Pflegeaufwand erfordern.

Genügsame Pflanzen überstehen feuchte, kalte Winter ohne Anzeichen von Krankheiten, widerstehen Trockenheit und Schädlingen und gedeihen auch ohne regelmäßigen Rückschnitt. Ein Beschnitt fördert selbstverständlich die Blühfreudigkeit der Pflanzen und unterstützt ihre Wuchsform, ist aber nicht unbedingt notwendig. **Pflegeleichte Pflanzen** brauchen dagegen zumindest ein Minimum an Pflege, sind diesen geringfügigen Zeit- und Arbeitsaufwand aber mehr als wert. Einige sollten einmal jährlich bis auf den Boden zurückgeschnitten oder Ihre abgestorbenen Stängel nach der Winterruhe im Frühling entfernt werden.

Folgende Eigenschaften sollten Pflanzen für ein pflegeleichtes Beet haben; gehen Sie vor dem Kauf der Pflanzen die Checkliste durch und prüfen Sie, ob sich Ihre Wunschpflanze für eine pflegeleichte Rabatte eignet:

- Winterhärte: Die Pflanze muss kalte, feuchte Winter überstehen.
- Langsames Wachstum: Wählen Sie Pflanzen, die Sie nicht ständig auf die korrekte Größe zurückschneiden müssen.
- Auslichten: Wählen Sie Blüten- oder Blattsträucher aus, die auch ohne regelmäßiges Auslichten hübsch aussehen.
- Krankheitsresistenz: Meiden Sie Pflanzen, die anfällig gegenüber Krankheiten sind, z.B. Rosen.
- Stabilität: Meiden Sie hohe Stauden mit schwachen Stängeln, die gestützt werden müssen.
- Langlebigkeit: Wählen Sie Pflanzen, die viele Jahre lang üppig gedeihen, ohne dass Sie für Ersatz sorgen müssen.

Ungeeignete Pflanzen

Wenn Sie sich unnötige Arbeit ersparen möchten, sollten Sie folgende Pflanzen auf keinen Fall wählen:

- *Anchusa azurea* (Ochsenzunge): kurzlebig
- *Aquilegia vulgaris* (Akelei): kurzlebig
- *Dahlia* Arten und Sorten (Dahlien): die empfindlichen Knollen müssen im Keller überwintern, hohe Formen brauchen Stützen
- *Delphinium* Arten und Sorten (Rittersporn): hohe Formen brauchen Stützen
- *Geum*, Arten und Sorten (Nelkenwurz): müssen regelmäßig geteilt werden
- *Gladiolus* Arten und Sorten (Gladiolen): die empfindlichen Knollen müssen im Keller überwintern, hohe Formen brauchen Stützen
- *Helenium* Arten und Sorten (Sonnenbraut): hohe Formen brauchen Stützen
- *Rosa* Arten und Sorten (Rose): müssen regelmäßig zurückgeschnitten werden, empfindlich gegenüber Krankheiten
- Beerenobstsorten: müssen ausgelichtet und gedüngt werden, wenn sie reichlich tragen sollen

◄ **Choisya ternata** ***ist ein hübscher Strauch mit glänzenden, immergrünen Blättern und zahlreichen weißen Blüten. Er zeichnet sich jedoch vor allem durch einen wunderbaren Duft aus.***

Einfache Vorschläge: Eine pflegeleichte Rabatte

Pflegeaufwand ••

▲ **Hemerocallis** ***blüht in den unterschiedlichsten Farben, von einem kräftigen Rot über Rotbraun bis zu leuchtendem Orange, Pfirsich und Zitronengelb.***

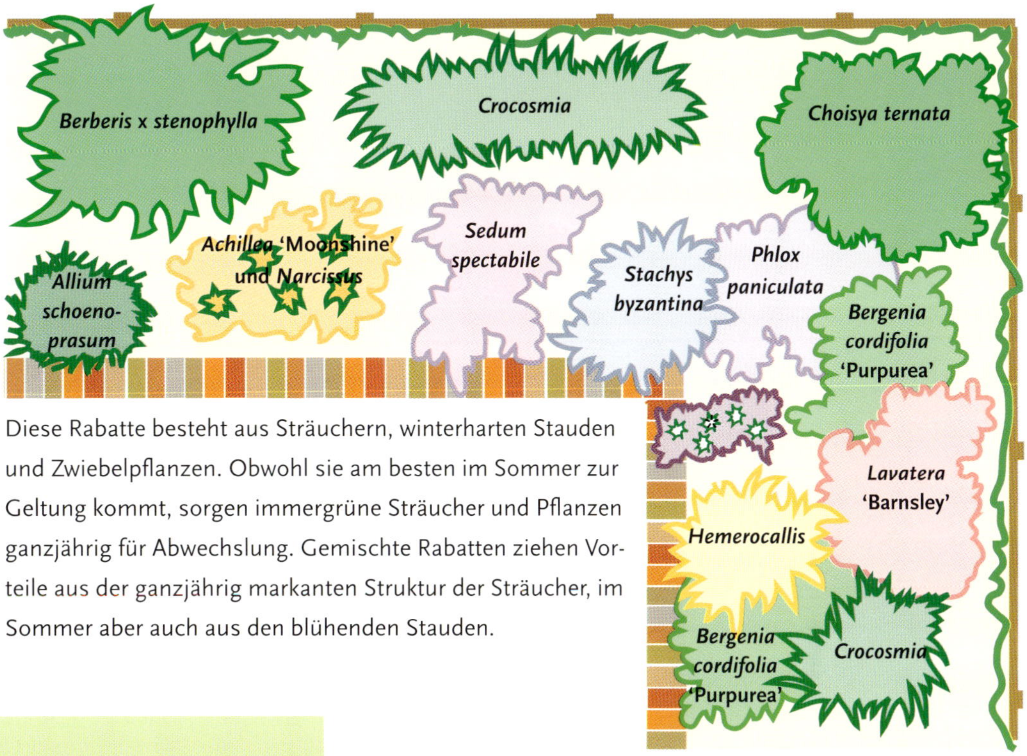

Diese Rabatte besteht aus Sträuchern, winterharten Stauden und Zwiebelpflanzen. Obwohl sie am besten im Sommer zur Geltung kommt, sorgen immergrüne Sträucher und Pflanzen ganzjährig für Abwechslung. Gemischte Rabatten ziehen Vorteile aus der ganzjährig markanten Struktur der Sträucher, im Sommer aber auch aus den blühenden Stauden.

* ***Ajuga reptans*** **'Burgundy Glow' und** ***Galanthus nivalis***

Pflegeplan

- Entfernen Sie im Vorfrühling die abgestorbenen Blätter der Stauden (oder im Herbst, wenn Sie einen ordentlichen Garten lieben).
- Lichten Sie die Sträucher jedes oder alle zwei Jahre aus, damit sie besser blühen.
- Gießen Sie das Beet bei heißem Wetter.
- Düngen Sie einmal im Frühling mit einem Universaldünger.
- Wenn die Stauden nach einigen Jahren zu kümmern beginnen, graben Sie die Ballen aus und pflanzen Sie die wüchsigen Teile neu ein; werfen Sie den mittleren Teil weg.

Tipps für pflegeleichte Rabatten

- Grenzen Sie Rasen neben einer Rabatte mit einer festen Rasenkante ab, damit die Stauden nicht über das Gras wachsen.
- Pflanzen Sie Stauden und Sträucher sehr dicht, damit das Unkraut keine nackten Stellen erobern kann.
- Bieten Sie der Waldrebe eine Kletterhilfe an, wenn die Rabatte an eine Mauer oder Zaun grenzt (Rankgitter oder Spanndrähte).

Pflegeleichte Pflanzen

Achillea **'Moonshine'** (Schafgarbe)
Ajuga reptans **'Burgundy Glow'** (Kriechender Günsel)
Allium schoenoprasum (Schnittlauch)
Berberis **x** ***stenophylla*** (Sauerdorn)
Bergenia cordifolia **'Purpurea'** (Bergenie)
Choisya ternata (Orangenblume)
Clematis montana **var.** ***rubens*** **'Tetrarose'** (Waldrebe)
Crocosmia **Arten und Sorten** (Montbretie)
Galanthus nivalis (Schneeglöckchen)
Hemerocallis **Arten und Sorten** (Taglilie)
Lavatera **'Barnsley'** (Bechermalve)
Narcissus **Arten und Sorten** (Osterglocken)
Phlox paniculata (Phlox)
Sedum spectabile (Fetthenne)
Stachys byzantina (Wollziest)

Unkomplizierteres Laub

Blätter bilden den Hintergrund für Blüten und balancieren ein Staudenbeet aus. Darüber hinaus kann hübsches Laub auch selbst attraktiv aussehen und einem Beet Farbe und Anmut verleihen. Achten Sie bei der Auswahl auf vielfältige Blattformen und -farben zwischen den Blüten oder komponieren Sie einen beruhigenden hübschen Blattteppich aus Grüntönen.

Auch ein Garten mit wenigen oder ganz ohne Blüten muss nicht langweilig sein. Mit Hilfe von Blattpflanzen lassen sich alle möglichen Effekte erzielen. Machen Sie vor allem nicht den Fehler, zu denken, Blattpflanzen seien einfach nur grün. Denn es gibt nicht nur unzählige Variationen von Grün – vom hellen Apfelgrün der Elfenblume (*Epimedium*) bis zum Blaugrün des Frauenmantels (*Alchemilla mollis*) –, sondern auch panaschierte Blätter mit glitzernden silbernen, goldenen und gelben Zeichnungen, z.B. bei Aukuben und Spindelsträuchern. Außerdem gibt es alle möglichen Oberflächen, Formen und Wuchsformen, von den kugeligen Moospolstern bis zu den springbrunnenartigen Keulenlilien und Gräsern.

Ziergräser werden immer beliebter, da sie bemerkenswert widerstandsfähig und robust sind; sie kommen mit einem „Haarschnitt" pro Jahr aus. Eine gemischte Rabatte mit Gräsern ist nicht nur pflegeleicht, sondern auch wirkungsvoll. Die besten Effekte erzielen Sie mit verschiedenen Höhen, Farben und Formen. Auch wenn die oberirdischen Teile der meisten Gräser im Winter absterben, stellen Ihre braunen Stängel immer noch attraktive Blickpunkte dar und sorgen für Struktur, bis sie im Frühling abgeschnitten werden. Gräser beginnen im leichten Wind zu rauschen, und Ihre abgestorbenen Fruchtstände sehen im Sommer und Herbst sehr hübsch aus.

Blattpflanzen kommen mit weniger Pflege aus als Blütenpflanzen – zumindest brauchen Sie das Verblühte nicht abzuschneiden – und Bäume und Sträucher sind noch anspruchsloser als Stauden und Einjährige. Wenn Sie den Boden gut für die Bepflanzung vorbereiten und die Pflanzen reichlich mulchen, danken sie Ihnen die Mühe mit vielen hübschen Blättern und wenig Arbeitsaufwand.

Einfache Vorschläge: Bepflanzung mit unkomplizierten Blattpflanzen

Pflegeaufwand ••

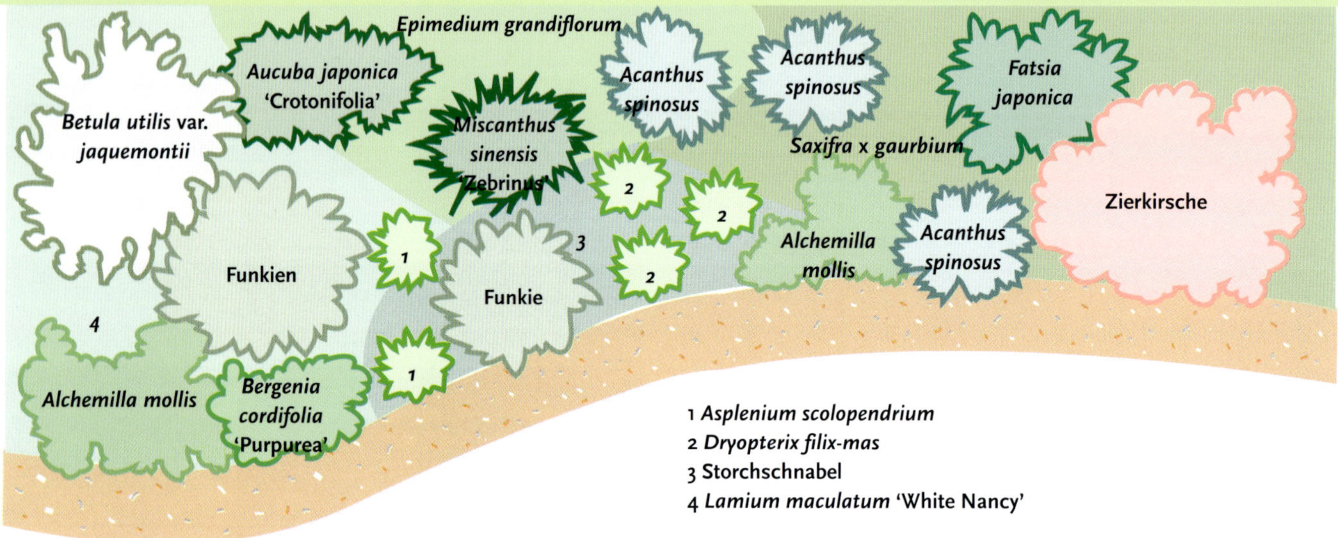

1 *Asplenium scolopendrium*
2 *Dryopterix filix-mas*
3 Storchschnabel
4 *Lamium maculatum* 'White Nancy'

Dieses Beet mit unkomplizierten Blattpflanzen gleicht einer gemischten Rabatte (siehe S. 89), erzeugt seine beruhigende Wirkung aber mit Hilfe von hübschem Laub. Die Bäume beschatten die kleineren Pflanzen; sollte Ihre Beetfläche bereits schattig sein, verzichten Sie auf die Bäume und pflanzen Sie stattdessen pflegeleichte Sträucher (siehe S. 142–143).

Ein paar immergrüne Sträucher und Stauden hellen den Winter auf, das Gleiche gilt für die Rinde der ausgewählten Bäume. Einige Pflanzen sind in Bögen als Bodendecker angeordnet. Sie werden von stattlichen, dazwischen wachsenden Farnen akzentuiert, die auch für Höhe sorgen. Obwohl der Schwerpunkt dieses Beetes bei den Blättern liegt, bilden einige der Pflanzen hübsche Blüten aus.

▲ *Lamium maculatum 'White Nancy' wächst zu einem Polster aus silbernen Blättern heran. Zum ganzjährigen Blattschmuck treten im Sommer weiße Blüten hinzu.*

▶ *Es gibt Funkien in allen möglichen Farben und Panaschierungen. Hier heben sie sich vorteilhaft von den schmalen Blättern ab.*

Unkomplizierte Blattpflanzen

Acanthus spinosus (Akanthus)
Alchemilla mollis (Frauenmantel)
Asplenium scolopendrium (Streifenfarn)
***Aucuba japonica* 'Crotonifolius'** (Aukube)
***Bergenia cordifolia* 'Purpurea'** (Bergenie)
Betula utilis* var. *jaquemontii (Himalaya-Birke)
Dryopteris filix-mas (Wurmfarn)
Epimedium grandiflorum (Elfenblume)
Fatsia japonica (Zimmeraralie, nicht winterhart)
Geranium macrorrhizum (Balkan-Storchschnabel)
Hosta sieboldiana* var. *elegans (Funkie)
***Lamium maculatum* 'White Nancy'** (Taubnessel)
***Miscanthus sinensis* 'Zebrinus'** (Chinaschilf)
Saxifraga urbium (Steinbrech)

Tipps, die Zeit sparen

- Verbessern Sie den Boden vor dem Pflanzen; reichlich organisches Material ermöglicht den Pflanzen einen besseren Start.
- Setzen Sie die Pflanzen eng zusammen, damit keine nackte Erde frei bleibt.
- Mulchen Sie den Boden, um Feuchtigkeit zurückzuhalten und Unkräuter zu unterdrücken.

Pflegeplan

- Schneiden Sie im Frühling die abgestorbenen Teile der Stauden ab.
- Ergänzen Sie im Frühling den Mulch.
- Düngen Sie jährlich oder alle zwei Jahre mit Universaldünger.

Einfache Vorschläge: Mediterranes Beet Pflegeaufwand ••

▲ *Zu einem mediterranen Beet gehören markante Pflanzen, die mit wenig Pflege auskommen.*

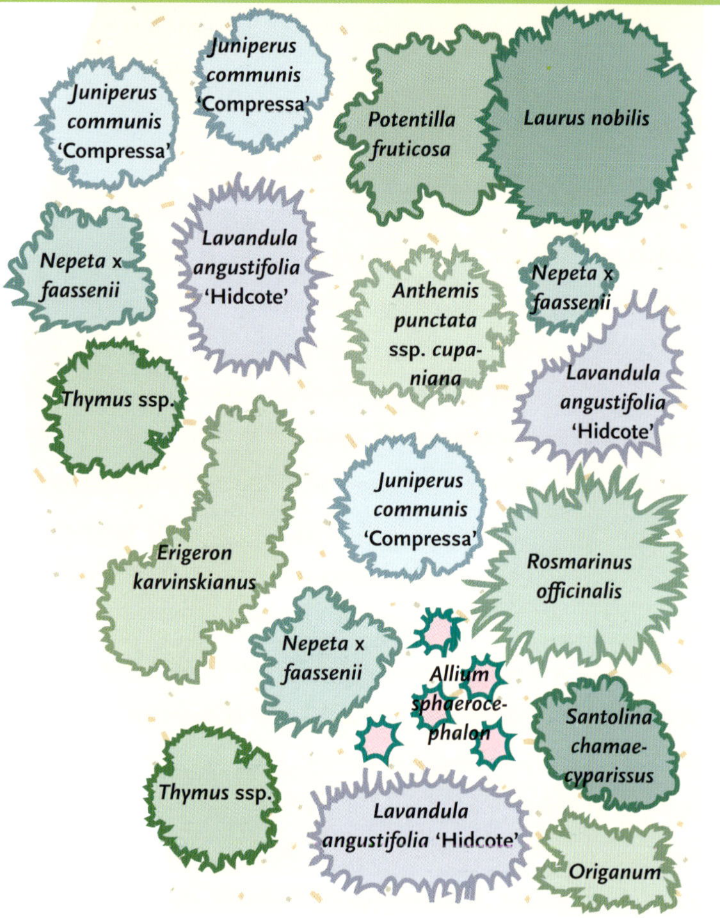

Pflanzen für einen mediterranen Garten

Allium sphaerocephalon (Zierlauch)
Anthemis punctata* ssp. *cupaniana (Hundskamille)
Erigeron karvinskianus (Berufkraut)
***Juniperus communis* 'Compressa'** (Wacholder)
Laurus nobilis (Lorbeer)
***Lavandula angustifolia* 'Hidcote'** (Lavendel)
Nepeta x faassenii (Katzenminze)
***Origanum* Arten und Sorten** (Oregano und Majoran)
Potentilla fruticosa (Fingerkraut)
Rosmarinus officinalis (Rosmarin)
Santolina chamaecyparissus (Heiligenkraut)
***Thymus* Arten und Sorten** (Thymian)

Im Mittelmeerraum heimische Pflanzen sind von Natur aus robust und resistent gegen Austrocknung; daher eignen sie sich gut für einen Dachgarten. Viele haben silbrig schimmernde Blätter, die sich wunderschön gegen Kies abzeichnen – Kies ist also ein idealer Mulch. Diese Pflanzen fühlen sich an einem heißen, sonnigen Platz wohl; sie halten trockene Bedingungen und pralle Sonne aus. Siehe Seiten 74–75 zur Bepflanzung eines Kiesgartens.

Pflegeplan

- Schneiden Sie im Frühling Lavendel, Heiligenkraut und Hundskamille in Form, dann blühen sie besser.
- Entfernen Sie im Herbst die abgestorbenen Blätter von Katzenminze, Berufkraut und Oregano.
- Ergänzen Sie den Kies, soweit erforderlich.

Tipps, die Zeit sparen

- Legen Sie eine Plastikfolie unter der Kiesfläche aus.
- Verbessern Sie den Boden, bevor Sie die Pflanzen einsetzen; arbeiten Sie organisches Material ein, um die Feuchtigkeit zurückzuhalten. Auf diese Weise werden die Pflanzen noch besser mit Trockenzeiten fertig.
- Lassen Sie zwischen den Pflanzen etwas Platz, damit ein entspannter Eindruck entsteht. Folie und Kies unterdrücken das Unkraut.

Einfache Vorschläge: Strauchbeet für das ganze Jahr Pflegeaufwand ••

Sträucher gehören zu den nützlichsten Pflanzen eines pflegeleichten Gartens. Sie unterdrücken das Unkraut, ertragen Trockenheit und brauchen, sobald sie sich etabliert haben, weder regelmäßig gedüngt noch gestützt zu werden; auch das Verblühte muss nicht entfernt werden. Ein Strauchbeet ist eine einfache Form der Bepflanzung; es braucht kaum Pflege und bietet doch rund um das Jahr Struktur und Abwechslung.

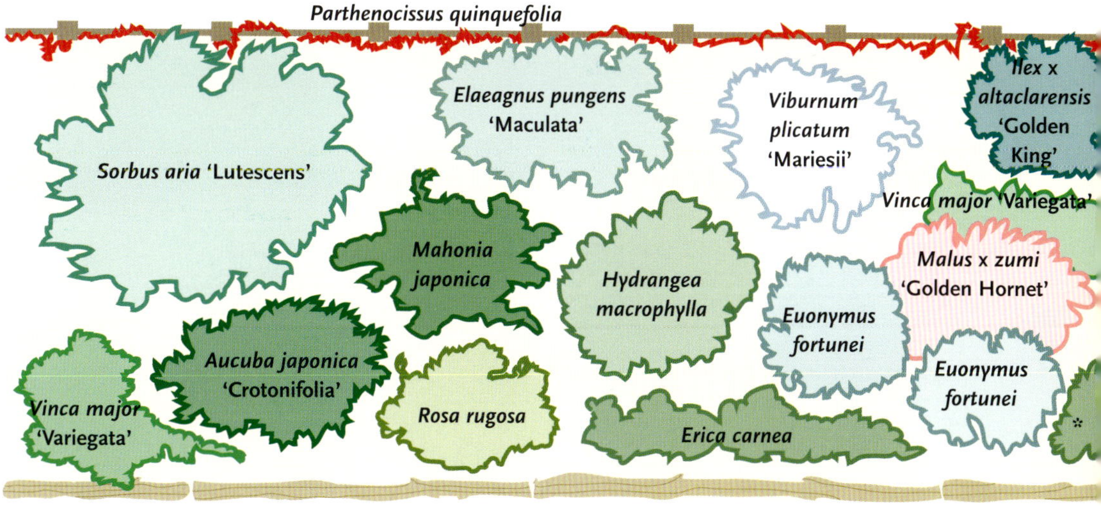

* *Erica carnea*

Pflanzen für das Strauchbeet

***Aucuba japonica* 'Crotonifolia'** (Aukube)
***Elaeagnus pungens* 'Maculata'** (Ölweide)
Erica carnea (Schneeheide)
***Euonymus fortunei* 'Emerald'n' Gold'** (Spindelstrauch)
Hydrangea macrophylla (Hortensie)
***Ilex x altaclarensis* 'Golden King'** (Stechpalme)
Mahonia japonica (Mahonie)
***Malus x zumi* 'Golden Hornet'** (Zierapfel)
Parthenocissus quinquefolia (Wilder Wein)
Rosa rugosa (Kartoffelrose)
***Sorbus aria* 'Lutescens'** (Mehlbeere)
***Viburnum plicatum* 'Mariesii'** (Schneeball)
***Vinca major* 'Variegata'** (Immergrün)

Tipps, die Zeit sparen

- Mulchen Sie das Beet, um den Boden abzudecken und das Unkraut zu unterdrücken, bis die Sträucher die Fläche zugewachsen haben.
- Pflanzen Sie die Sträucher nicht zu eng, sonst müssen sie nach ein paar Jahren regelmäßig zurückgeschnitten werden.
- Entscheiden Sie sich für robuste, winterharte Sträucher.
- Wählen Sie Sträucher mit kompakter Wuchsform, die nicht in Form geschnitten werden müssen.
- Wählen Sie Sträucher, die auch ohne jährliche Auslichtung gut aussehen.
- Verbessern Sie den Boden, bevor Sie die Sträucher pflanzen, damit die Pflanzen einen guten Start haben.

▲ ***Hortensien sind große Sträucher mit hübscher, runder Wuchsform, die im Sommer farbenprächtige Blüten bilden.***

Pflegeplan

- Lichten Sie Sträucher alle ein oder zwei Jahre aus, damit sie üppiger blühen.
- Rechen Sie im Herbst das gefallene Laub weg.
- Düngen Sie das Beet im Frühling mit einem Universaldünger.
- Ergänzen Sie den Mulch, falls erforderlich.

Unkomplizierte Kübel

Kübel sind ein Segen für jeden Gärtner, denn in ihnen kann er zahlreiche Pflanzen ziehen, ohne sich mit einer kompletten Rabatte abzuplagen. Obwohl Kübelpflanzen in der Regel kaum Arbeit machen, bringen sie unschätzbares Leben und Farben in ansonsten vielleicht langweilige Pflaster- oder Holzdeckflächen. Allerdings müssen sie regelmäßig gegossen werden – auch dies hält sich bei gründlicher Planung und etwas Pflege in Grenzen (siehe S. 95–96).

Man kann Kübelpflanzen leicht erreichen und pflegen, außerdem lassen sich in einem Kübel Pflanzen unterbringen, die im Gartenboden nicht wachsen würden – Sie können in Gärten mit basischen Böden dennoch Azaleen oder Kamelien in Kübeln ziehen und sich an Ihren herrlichen Blüten erfreuen. Kübel schützen die Pflanzen vor Schneckenfraß und Krankheitserregern aus dem Boden. Da Sie die Kübel umstellen können, haben Sie stets blühende und attraktive Pflanzen in Ihrem Blickfeld. Sollten Sie den Anblick leid sein, dürfen Sie die Pflanzen auch entsorgen und nur den leeren Kübel als Blickfang stehen lassen.

▲ *Große Kübel, vor allem solche aus undurchlässigem Material, halten die Feuchtigkeit viel besser als kleine Terrakottatöpfe. Es kommt in einem pflegeleichten Garten darauf an, die Kübel zusammenzustellen, damit Sie beim Gießen nicht ständig hin und her gehen müssen.*

◀ *Kübel sind nicht nur für Einjährige geeignet. Auch diese Ziergräser kommen prächtig zur Geltung.*

▶ *Diese in Reihen gestellten Metallkübel heben sich hervorragend von den Klinkern des Teichbeckens ab. Sie wirken bei wüchsigen Pflanzen wie den Tomaten und der Kapuzinerkresse als ordnendes Element.*

Goldene Regeln für problemlose Kübel

- Wählen Sie die Kübel sorgfältig aus. Größere Behälter müssen seltener gegossen werden als kleine, und manche Materialien wie Terrakotta trocknen leichter aus als andere. Vermeiden Sie breite, flache Kübel, zu viele kleine Töpfe und Hängekörbe – sie alle brauchen viel Wasser.
- Wählen Sie die richtige Blumenerde. Sie muss einerseits durchlässig sein, damit keine Staunässe entsteht, andererseits aber genug Feuchte um die Wurzeln zurückhalten. Normale Blumenerde ist für die meisten Pflanzen zu leicht, vor allem für eine dauerhafte Bepflanzung, und kann kaum wieder befeuchtet werden, sollte sie einmal vollständig austrocknen. Mischen Sie die Erde daher halb und halb mit Gartenkompost oder füllen Sie die Kübel direkt mit guter Gartenerde. Kaufen Sie möglichst Kompost ohne Torf.
- Mehrere zusammen stehende Kübel lassen sich einfacher pflegen als im Garten verteilte Töpfe. Auf diese Weise kommt auch die Bepflanzung wirkungsvoller zur Geltung, die Verdunstung aus der Erde wird reduziert und das Gießen zeitsparender.
- Entscheiden Sie sich für pflegeleichte Pflanzen, die ab und zu ein wenig Vernachlässigung ertragen und auch gelegentliches Austrocknen nicht übel nehmen.
- Pflanzen Sie einige dauerhafte Elemente in die Kübel, damit Sie bei der Bepflanzung nicht ständig bei Null anfangen und die Pflanzen jährlich ersetzen müssen. Immergrüne eignen sich besonders gut.

Auswahl der Kübel

Material	Vorteile	Nachteile	Tipps
Zement und Kunststein	Manche sind sehr attraktiv Halten Gießwasser besser als Terrakotta	Manche Formen sind grässlich Schwer Können teuer sein	Sollten an Ort und Stelle bepflanzt werden, damit man sie nicht umstellen muss
Keramik	In vielen attraktiven Stilen und Farben erhältlich Wasserdurchlässiger als Plastik, aber weniger durchlässig als Terrakotta	Ziemlich teuer Nicht immer frostfest	Kaufen Sie die größte Form, die Sie sich leisten können
Fiberglas	Reproduktionen alter Kübel- und Urnenformen wirken edel	Teuer	Setzen Sie eine einzelne, attraktive Pflanze ein, die nicht vom Kübel ablenkt
Plastik	Preiswert Hält Gießwasser gut zurück	Unattraktiv Neigt zur Staunässe	Vermeiden Sie Pflanzen, die sich in Trockenheit wohl fühlen; man kann leicht zuviel gießen
Terrakotta	Attraktiv Verhältnismäßig leicht Überschüssiges Gießwasser verdunstet Passt zu den meisten Pflanzen und Gartenstilen	Verliert rasch die Feuchtigkeit Nicht immer frostfest Können teuer sein	Wählen Sie Pflanzen aus, die mit Trockenheit zurechtkommen oder kleiden Sie den Kübel innen mit Folie oder wasserfester Farbe aus

Dünger-Tricks

Pflanzen, die in Kübeln wachsen, müssen regelmäßig gedüngt und gegossen werden. Der in Blumenerde eingemischte Dünger ist nach etwa acht Wochen aufgebraucht. Ein Arrangement aus Sommerblumen braucht alle drei bis vier Wochen Flüssigdünger, wenn es prachtvoll blühen soll. Zeitsparender sind der Erde beigemischte Düngerpellets oder -stäbchen, die Ihren Inhalt nach und nach über einen Zeitraum von mehreren Monaten abgeben.

Auch Sträucher oder Stauden in Kübeln brauchen Dünger, obwohl sie nicht gleich eingehen, wenn Sie einmal nachlässiger sind. Versuchen Sie daran zu denken, im Frühling eine Handvoll organischen Universaldünger (z.B. getrockneten Geflügelmist) oberflächlich in die Erde einzuarbeiten.

Gieß-Tricks

- Große Kübel senken die Verdunstung.
- Füllen Sie die Erde nur bis 2,5 cm unter den Rand; gießen Sie den Kübel voll.
- Gießen Sie immer reichlich.
- Kies auf der Erdoberfläche hält die Feuchtigkeit im Kübel zurück.
- Stellen Sie den Kübel bei sehr heißem Wetter in einen mit Wasser gefüllten Untersatz; er muss im Herbst entfernt werden, damit keine Staunässe entsteht.
- Verwenden Sie Bewässerungssysteme mit Reservoir und kapillaren Schläuchen; sie halten die Erde zwei Wochen lang feucht.
- Stellen Sie mehrere Kübel zusammen, um ein feuchtes Mikroklima zu schaffen.
- Fügen Sie der Blumenerde Wasser speicherndes Granulat bei; es gibt die Feuchte nach und nach an die austrocknende Erde ab.
- Wenn Sie sehr viele Kübel haben, können Sie ein automatisches Bewässerungssystem anschließen. Die einzelnen Kübel werden über Schläuche mit der Wasserleitung verbunden und direkt oder durch eine Zeitschaltung bewässert.
- Achten Sie darauf, dass Ihre Kübel unten ein Loch haben, damit das Wasser abfließen kann. Viele Pflanzen vertragen keine Staunässe. Außerdem kann die feuchte Erde im Winter gefrieren: Die Pflanzen sterben und der Kübel zerplatzt.
- Stellen Sie die Kübel nicht direkt auf die Erde, damit überschüssiges Wasser besser abfließen kann.

Erde austauschen

Tauschen Sie bei dauerhaft bepflanzten Kübeln jedes Jahr im Frühling die 2,5–5 cm dicke oberste Erdschicht aus. Entfernen Sie die alte Erde vorsichtig, ohne die Wurzeln zu beschädigen, und füllen Sie neue Erde auf; gießen Sie gründlich und schichten Sie neuen Kies darüber.

Dauerhafte Bepflanzungen

Da fast alle Pflanzen auch im Kübel gezogen werden können, sind Sie keineswegs auf die traditionellen Balkonpflanzen wie Petunien oder Lobelien angewiesen, die sehr intensiv gepflegt werden müssen – regelmäßig gießen, düngen, mindestens einmal, manchmal sogar zweimal pro Jahr neu bepflanzen –, wenn sie wirklich perfekt aussehen sollen. Sollten Sie dennoch solche üppig blühenden Kübel lieben, befolgen Sie zumindest die Tricks auf der Vorseite, es bleibt noch genügend Arbeit übrig.

Für einen viel beschäftigten Gärtner stellen kleine Bäume, Sträucher, Blumen und Blattpflanzen die bessere Alternative dar. Wählen Sie Pflanzen aus, die auch mit trockenem Boden zurechtkommen, damit Sie bei heißem Wetter nicht ständig gießen müssen. Einige Pflanzen sind an geringe Bodenfeuchte angepasst – beispielsweise Mittelmeerpflanzen – und eignen sich daher gut als Kübelpflanzen (siehe S. 92). Denken Sie aber ebenso an den Winter und kaltes Wetter.

Auch eine dauerhafte Bepflanzung kann sehr farbenfroh sein, wirkt aber anders als die zeitaufwändigen einjährigen Sommerblumen. Stauden erscheinen natürlicher und beziehen Ihre Wirkung auch aus dem Blattschmuck, der das ganze Jahr für Abwechslung sorgt. Wenn Sie nicht gerade einen sehr großen Kübel besitzen, sollten Sie sich auf eine Pflanzenart je Topf beschränken. Stellen Sie mehrere davon zu einem Minibeet zusammen. Komponieren Sie ein Arrangement, das ganzjährig als Blickfang dienen kann, sei es auch nur durch hübsches Laub oder markante Zweige im Winter.

◀ ***Dauerhaft bepflanzte Kübel müssen einmal jährlich gedüngt werden. Hier wurde eine panaschierte Stechpalme mit Frauenmantel kombiniert.***

▶ ***Buchsbaum (*Buxus sempervirens*) verleiht einem Garten ganzjährig Struktur. Entscheiden Sie sich für eine langsam wachsende Sorte, die nur einmal pro Jahr geschnitten werden muss.***

Blickfang rund ums Jahr

Vielfach stellt eine dauerhafte Bepflanzung, kombiniert mit Einjährigen, den besten Kompromiss dar. Einige Stauden machen die Kübel ganzjährig interessant und reduzieren die zu bepflanzende Kübelfläche. Die wenigen Einjährigen sorgen dagegen während der Vegetationszeit für Blüten und Farbe. Sehr gut sind Zwiebeln und Knollen geeignet, länger blühen jedoch die pflegeleichten Stiefmütterchen oder Pelargonien. Man kann sie mit Immergrünen, wie Wacholder, Efeu (*Hedera*), Aukuben (*Aucuba japonica*), Sauerdorn (*Berberis*) oder Bergenien (*Bergenia*) als dauerhafte Elemente kombinieren.

Kübel-„Rezepte“

▲ ***Der glasierte Erdbeertopf bringt die Aubergine und einige Kräuter dekorativ zur Geltung.***

Zutaten

Eimer zum Mischen der Erde
Kompost
Blumenerde
glasierter Erdbeertopf aus Terrakotta
kleine Steine oder Tonscherben
5 kleine Petersilienpflanzen
1 Auberginenpflanze
Düngerpellets
3 Stäbe, 1 biegsames Rohr für die Spitze

Leckerer Inhalt

In diesem Kübel wächst Petersilie, die den ganzen Sommer über frische Blätter liefert. Es ist günstiger, vorgezogene Pflänzchen aus der Gärtnerei zu kaufen, als sie sich selbst aus Samen zu ziehen. Fertige Pflanzen sehen sofort gut aus, sind leicht zu pflanzen und beinahe sofort verfügbar. Da der glasierte Topf weniger Wasser verliert als Terrakotta, brauchen Sie ihn seltener zu gießen. Mischen Sie Kompost mit Blumenerde, um die Vorteile beider Substrate zu vereinen; Kompost allein trocknet schneller aus und nimmt nur schwer Wasser auf, wenn er vollständig ausgetrocknet ist. Da Düngerpellets Nährstoffe langsam abgeben, entfällt die wöchentliche Düngung.

So wird gepflanzt

1 Mischen Sie in einem Eimer Kompost und Blumenerde zu gleichen Teilen.

2 Geben Sie kleine Steine oder Scherben über das Loch im Boden des Topfes und füllen Sie den Topf bis zur Hälfte mit Erde; drücken Sie diese gut fest.

3 Holen Sie jeweils eine Petersilienpflanze aus Ihrem Container und streifen Sie die Erde von den Wurzeln ab, bis die Wurzelballen klein genug sind, um durch die Löcher des Topfes zu passen.

4 Füllen Sie Erde um die Wurzeln auf und drücken Sie sie etwas fest. Geben Sie darauf Erde bis fast an den Rand des Topfes.

5 Pflanzen Sie die Aubergine in den Topf und geben Sie die Düngerpellets zu (Angaben auf der Packung befolgen). Füllen Sie den Topf bis 2,5 cm unter den Rand mit Erde auf.

6 Stecken Sie die drei Stäbe zeltartig in den Topf und binden Sie sie oben mit dem biegsamen Rohr zusammen; anschließend gut wässern.

Frühlingsvorstellung

In diesem Topf werden köstlich duftende Osterglocken mit cremegelben Stiefmütterchen kombiniert. Sie bringen schon im Vorfrühling lang ersehnte Farbe in Ihren Garten. Osterglocken und der kriechende panaschierte Efeu wachsen dauerhaft in dem Topf – die farbigen Efeublätter sorgen ganzjährig für Farbe und Abwechslung, die Osterglocken erscheinen jedes Frühjahr. Stiefmütterchen müssen stets neu gepflanzt werden; sobald sie verblühen, nehmen andere Einjährige Ihre Stelle ein.

Zutaten

Topf
kleiner Stein
Blumenerde
12 *Narcissus* 'Bridal Crown'
6 *Viola* 'Universal Primerose'
3 panaschierte Efeu, z.B. *Hedera helix* 'Goldchild'
Düngerpellets

So wird gepflanzt

1. Legen Sie den Stein auf das Loch des Topfes, damit die Erde nicht herausgespült wird. Füllen Sie Blumenerde bis 12,5 cm unter den Rand ein; leicht fest drücken.
2. Verteilen Sie die Blumenzwiebeln gleichmäßig auf der Erde; füllen Sie die Erde bis 5 cm unter den Rand auf.
3. Pflanzen Sie die Stiefmütterchen ein; fünf um den Rand und eins in die Mitte.
4. Pflanzen Sie den Efeu etwa gleichmäßig um den Topfrand und füllen Sie die Lücken zwischen den Ballen mit Erde.
5. Drücken Sie die Erde etwas fest und geben Sie Erde bis 2,5 cm unter den Rand des Topfes zu. Fügen Sie die Düngerpellets hinzu (Angaben auf der Packung befolgen) und wässern Sie alles gut.

Immergrüner Kübel

Dieser Kübel ist die ultimative pflegeleichte Lösung – er sieht das ganze Jahr über hübsch aus und braucht in den nächsten Jahren nicht neu bepflanzt zu werden. Obwohl die Pflanzen immergrün sind, ändert sich das Aussehen des Kübels je nach Jahreszeit und bleibt damit abwechslungsreich. Die Skimmie ist ein kleiner Strauch mit glänzenden Blättern; sie bildet in Herbst und Winter zahlreiche rote Knospen, aus denen sich im Frühling weiße Blüten entfalten. Wenn Sie sich für eine weibliche Pflanze entscheiden, werden Sie nach der Blüte mit hellroten Beeren belohnt. Die Wolfsmilch ist immergrün – sie hat hübsche rote Blätter und bildet im Spätfrühling große Blütenstände mit schwefelgelben Blüten. Die Blüten stehen in schönem Kontrast zu den Blättern.

Zutaten

großer Kübel
kleiner Stein oder Tonscherben
Blumenerde
1 *Skimmia japonica*
1 *Euphorbia amygdaloides* 'Purpurea'
2 panaschierte Efeu wie *Hedera helix* 'Goldchild'

So wird gepflanzt

1. Legen Sie den Stein oder die Tonscherben auf das Bodenloch im Topf. Füllen Sie den Topf zu etwa zwei Dritteln mit Erde auf und drücken Sie diese leicht fest.
2. Nehmen Sie die Skimmie aus Ihrem Container und pflanzen Sie sie an den Rand des Topfes. Setzen Sie die Wolfsmilch davor.
3. Füllen Sie Blumenerde um die Ballen auf; drücken Sie sie leicht fest. Die Oberkanten der Ballen sollten etwa 2,5 cm unter dem Topfrand enden.
4. Pflanzen Sie den Efeu beidseitig der Wolfsmilch ein. Füllen Sie Erde zwischen die Pflanzen. Anschließend sollten Sie die Pflanzen gut festdrücken und reichlich wässern.

Essbares, leicht gemacht

Es gibt kaum etwas Schöneres als in den Garten zu gehen und eine Hand voll Gemüse oder Früchte für den Tisch zu ernten. Allerdings verlangen die meisten Gemüse- und Obstsorten viel Pflege, wenn sie eine nennenswerte Ernte bringen sollen. Daher ist die Auswahl für einen pflegeleichten Garten begrenzt. Wenn Sie jedoch knackige Salate, süße Babymöhren oder leckere Bohnen mögen, dann sind Sie auf der glücklichen Seite; außerdem fallen die meisten Kräuter in die pflegeleichte Kategorie. Unter den Früchten kann man nur Walderdbeeren und Rhabarber sich selbst überlassen – sie tragen Jahr für Jahr.

◄ ***In Reihen gepflanztes Gemüse in einem Hochbeet sieht im Garten äußerst attraktiv aus.***

Wo wird gepflanzt

Die meisten Kräuter, Gemüse und Salate brauchen einen sonnigen Standort und durchlässigen Boden. Ideal sind Hochbeete, in denen man nicht auf die Pflanzen tritt, das Umgraben entfällt und man die Pflanzen leicht erreicht. Auch wenn Ihr Garten ansonsten nicht die notwendigen Bedingungen erfüllt, können Sie ein Hochbeet mit geeigneter frischer Erde und Kompost füllen. Natürlich dürfen Sie Gemüse, Kräuter und Obst auch zwischen die anderen Pflanzen eines Blumenbeetes setzen – viele Arten sind sehr dekorativ – oder ein spezielles Beet anlegen (befolgen Sie dann bitte die Goldenen Regeln auf S. 103).

Viele Gemüse und Kräuter lassen sich auch in Kübeln ziehen (siehe S. 102–103). Eine ungewöhnliche, wenn auch nicht besonders attraktive Lösung sind erdgefüllte Säcke. Die Pflanzen werden durch Löcher in der Hülle gesetzt. Mit einigen Blumentöpfen können Sie den Plastiksack verbergen.

Was wird gepflanzt: Einfache Kräuter

- Lorbeer ist ein bekanntes Gewürz. Eine etablierte Pflanze bildet dichtes Blattwerk und sieht sehr attraktiv aus.
- Schnittlauch lässt sich einfach ziehen; Jahr für Jahr erscheinen zahlreiche Blätter mit Zwiebelgeschmack. Schnittlauch passt in jedes Beet.
- Die attraktive Fenchelstaude bildet große Blätter mit feinsten Fiedern und gelbe Blüten. Zwischen Blumen gepflanzt, sorgt Fenchel für Höhe. Da er sich selbst aussät, sollten Sie die Früchte entfernen und tote Sprosse im Frühling abschneiden.
- Minze ist eine verlässliche Staude, die sich allerdings über kriechende Wurzeln rasch verbreitet (in Töpfe setzen). Es gibt viele Formen mit unterschiedlichem Geschmack und Blattfarben.
- Der blattreiche Oregano treibt ebenfalls Jahr für Jahr aus. Er hat mittel- bis limonengrüne Blätter und lila Blüten. Entfernen Sie die Früchte, damit er sich nicht selbst aussät, und entfernen Sie tote Sprosse im Frühling.
- Rosmarin ist ein immergrüner Strauch, der mit seinen blauen oder rosa Frühlingsblüten sehr attraktiv aussieht. Schneiden Sie nur so viele Blättchen ab, wie Sie brauchen.
- Thymian, ein weiteres mehrjähriges Gewürz, bildet Blattpolster, aus denen im Sommer rosa- oder malvenfarbene Blüten austreiben. Ernten Sie Zweige nach Bedarf.

Was wird gepflanzt: Einfache Früchte, Gemüse und Salate

- Walderdbeeren bilden in Sommer und Herbst kleine, süße Früchte. Die Pflanzen sind dekorativ, aber auch sehr wüchsig; reißen Sie deshalb alles aus, was am falschen Ort erscheint.
- Dicke Bohnen werden zu Frühlingsbeginn ausgesät. Die ersten Bohnen können schon einige Wochen später geerntet werden. Am besten schmecken sie, wenn man sie erst unmittelbar vor dem Kochen pflückt.
- Die kleinen Möhrensamen werden im Spätfrühling ausgesät. Ihre Wurzeln wachsen zu den süßen, knackigen Möhren heran. Sehr junge Möhrchen passen in Salate. Sie können sie aber auch länger reifen lassen.
- Die dicken Busch- oder Stangenbohnen werden im Frühling ausgesät und die Schoten später im Jahr geerntet. Entscheiden Sie sich für Sorten ohne Fädchen; Buschbohnen werden auf der Erde, Stangenbohnen an Gittern oder Stangen gezogen.
- Kopfsalat erscheint etwa sieben Wochen nach der Aussaat. Säen Sie Ihren Salat gestaffelt und entscheiden Sie sich für Pflücksalate, bei denen Sie nur so viele Blätter entfernen, wie Sie brauchen.
- Zwiebeln kann man entweder aus Samen oder Steckzwiebeln ziehen; beide kommen im Spätwinter oder Vorfrühling in die Erde. Geerntet werden sie, je nach Sorte, ab dem Hochsommer.
- Radieschen sind das schnellste Gemüse. Säen Sie gestaffelt ab dem späten Frühling ein paar Samen und ernten Sie die knackigen Radieschen nach Bedarf.
- Rhabarber ist eine hübsche Pflanze, die Jahr für Jahr erscheint. Die rosa Blattstiele werden im Spätfrühling geerntet.
- Rauke wird wie Kopfsalat ab dem späten Frühling gesät. Pflücken Sie die pfeffrig-nussig schmeckenden Blätter je nach Bedarf, wenn die Pflanzen eine ordentliche Größe erreicht haben.

◄ Sobald sie sich etabliert haben, brauchen Zwiebeln kaum noch Pflege; nach dem Setzen müssen sie einige Wochen lang regelmäßig gegossen werden.

Essbares in Kübeln

Kübel stellen eine einfache alternative Lösung dar, um Kräuter, Gemüse und Früchte problemlos und schnell zu ziehen, ohne sich die schweißtreibende Arbeit mit einem Gemüsebeet zu machen.

In einem pflegeleichten Garten gilt es vor allem, die traditionellen Gemüsebeete mit den Pflanzenreihen in nackter Erde zu vermeiden. Solche Beete muss man regelmäßig umgraben, um die Erde vor der nächsten Frucht zu lockern, und jedes Jahr neuen Kompost oder Mist einarbeiten. Bei intensiv bewirtschafteten Beeten ist es erforderlich, eine Fruchtfolge einzurichten, damit weder Krankheiten noch Schädlinge auftreten und der Boden nicht an Nährstoffen verarmt. Der nackte Boden zwischen den Pflanzen muss gejätet werden; dabei läuft man zwischen den Pflanzen herum, tritt die Erde fest – was wiederum erneutes Lockern erfordert. Vielleicht noch wichtiger ist aber die Frage, wie man all das Gemüse und die Früchte verarbeiten soll.

Ziehen Sie Ihre Kräuter und Gemüse besser in den viel flexibleren Kübeln: Bereiten Sie so viele Kübel vor, wie Sie mögen, oder verändern Sie die „Anbaufläche" noch während der Vegetationszeit, ohne sich um nackte Erde zu kümmern. Sie erreichen Kübelpflanzen viel besser und müssen die Erde nicht umgraben. Stattdessen tauschen Sie einfach die Erde im Topf aus oder düngen, bevor Sie neue Pflanzen einsetzen. Sofern die Erde nahrhaft genug ist, dürfen die Pflanzen ruhig sehr dicht stehen, damit unterdrücken Sie das Unkraut und steigern den Ernteertrag. Kübel werden auch nicht so stark von Schnecken bedrängt wie ein Gartenbeet, das heißt, Sie steigern Ihre Chancen auf unversehrte Salatblätter.

Ideal für Kübel geeignet sind Walderdbeeren, Lorbeer, Schnittlauch, Buschbohnen, Kopfsalat, Rauke, Thymian und Tomaten.

Tipps, die Zeit sparen

- Setzen Sie Kübelpflanzen dicht an dicht, um das Unkraut zu unterdrücken und die Feuchtigkeit zu halten.
- Gießen und düngen Sie regelmäßig, um Krankheiten und Schädlingen vorzubeugen, deren Bekämpfung Zeit kostet.
- Wenn Sie viele Kübelpflanzen haben, lohnt sich vielleicht ein automatisches Bewässerungssystem.
- Düngen Sie mit speziellen Pellets für Kübel; sie geben Ihre Nährstoffe langsam ab und müssen erst nach längerer Zeit ersetzt werden.
- Wenn Sie jedes Mal sehr gründlich gießen, sparen Sie insgesamt Zeit beim Gießen ein.
- Stellen Sie immer mehrere Kübel zusammen – gleich welchen Inhalts –, dann bildet sich ein günstigeres feuchtes Mikroklima.
- Mischen Sie der Blumenerde Wasser speicherndes Granulat bei.

◄ ***Kräuter sind äußerst attraktive Pflanzen. Diese stehen nahe der Küchentür in einer Gruppe bemalter Töpfe zusammen und sind leicht zu ernten.***

◄ *Die unterschiedlichen Blätter von Schnittlauch, Majoran, Thymian und Salbei bilden einen hübschen Kontrast zu dem strengen Design des Metallkübels.*

Goldene Regeln für essbare Pflanzen

- Wählen Sie pflegeleichte Gemüse, Kräuter und Früchte aus, die – nach Aussaat und Pflanzung – keine besondere Aufmerksamkeit verlangen.
- Meiden Sie traditionelle Gemüsebeete, in denen die Pflanzen in Reihen stehen. Wenn Sie auf die Erde treten und den Boden verdichten, ist eine Bodenlockerung erforderlich. Außerdem ist die nackte Erde ein Paradies für Unkräuter.
- Seien Sie wählerisch. Pflanzen Sie nur wenige Arten, denn die meisten verlangen viel Aufwand.
- Setzen Sie die Pflanzen dicht an dicht, um Unkraut zu unterdrücken; Pflanzengruppen sind besser als Reihen.
- Halten Sie die Gemüsebeete so klein wie möglich, damit Sie alle Pflanzen von einer festen Unterlage aus erreichen.
- Säen Sie stets nur kleine Mengen aus, um Überproduktion zu vermeiden. Salate oder Radieschen werden gestaffelt (alle drei bis vier Wochen) ausgesät, damit die Ernte jeweils klein bleibt.
- Düngen Sie den Boden, damit die Pflanzen gute Erträge liefern.

GENIESSEN

4

Die meisten Menschen schätzen Ihren Garten vor allem als zusätzlichen Raum, in dem die ganze Familie entspannen, spielen, faulenzen und im Freien essen kann. Daher sollte Ihnen viel Zeit für Ruhe und Entspannung in Ihrem Garten bleiben.

Ein Raum im Freien ist genau das, was der Name sagt: eine Erweiterung des Hauses für all jene Aktivitäten, die Ihrem Lebensstil am ehesten entsprechen. Der einzige Unterschied zwischen drinnen und draußen ist das Wetter, an das man sich anpassen muss. Sorgen Sie daher für wetterfeste Oberflächen und Schutz vor Wind und Regen. Da man auf einem feuchten Rasen kaum sitzen kann, brauchen Sie eine Fläche mit Pflaster, Holzdeck oder Kies, auf der man essen, liegen, spielen und sogar das Essen vorbereiten und kochen kann. Wenn Sie viel Zeit im Freien verbringen, muss diese feste Fläche so groß wie möglich sein (damit vermindern Sie gleichzeitig die erforderliche Gartenarbeit), sie sollte geschützt und möglichst sonnig sein und bei heißem Wetter etwas Schatten bieten. Vielleicht wünschen Sie sich auch einen schattigen, ganz privaten Platz im Garten, wo Sie gemütlich sitzen, lesen oder dösen können, ohne von den Aktivitäten der Familie gestört zu werden.

Das Essen im Freien wird immer beliebter. Eigentlich braucht man nicht mehr als eine ebene Fläche, auf der Tisch und Stühle sicher stehen und man das essen kann, was in der Küche zubereitet wurde. Häufig wird auch der Wunsch nach einem Grill – frei stehend oder ein Einbaugrill – auftauchen. Da Gartenmöbel heute in allen Formen, Stilen, Materialien und Preisen angeboten werden, finden Sie sicher genau das Richtige – auch für einen pflegeleichten Garten, dessen Möbel witterungsbeständig und praktisch sein sollten.

„Ein Raum im Freien ist genau das, was der Name sagt: Eine Erweiterung des Hauses für all jene Aktivitäten, die Ihrem Lebensstil am ehesten entsprechen."

◂ *Obwohl man Terrakottakübel in der Regel meiden sollte, reduziert man die erforderliche Gießzeit, wenn die Behälter gruppenweise zusammenstehen und innen mit Folie ausgekleidet werden.*

▲ *Gartenmöbel sollten ebenso dekorativ wie funktionell sein. Sie tragen dazu bei, dem Garten einen bestimmten Stil zu geben.*

◄ *Die dichte Bepflanzung, auch mit exotischen Pflanzen, verleiht diesem Raum im Freien eine kuschelige, intime Atmosphäre.*

Spaß für die Kinder

Bei einer jungen Familie müssen die Bedürfnisse der Kinder von Beginn an mit in die Planung einbezogen werden, denn sie werden den Garten wahrscheinlich intensiver nutzen als die Erwachsenen. Kinder brauchen einen sicheren Ort, an dem sie auf Bäume klettern, Ball spielen oder Fahrrad fahren können – alles unter Aufsicht.

Ihr Garten wird den Kindern aber nur dann gefallen, wenn Sie ihnen das anbieten, was Ihre Kinder, nicht was Sie wollen. Sind die Kinder alt genug, sollten sie Ihre Wünsche in die Planung einbringen dürfen. Oftmals freuen sich Kinder über die einfachsten Dinge, etwa eine offene Spielfläche oder ein geheimes Versteck zwischen dichten Büschen. Denken Sie auch bei Sandkästen und Klettergeräten an die Bedürfnisse der Kinder und nicht daran, ob sie zum Garten passen oder attraktiv aussehen. Bei geschickter Planung lassen sich manche Einrichtungen mit zunehmenden Alter der Kinder umwandeln. So verwandeln Sie ein hölzernes Klettergerüst mit etwas Holz in einen Schuppen oder ein Gartenhaus, während ein Spielhaus zu einem Fahrradschuppen oder Stauraum wird. Platzieren Sie daher Elemente dieser Art bereits so, dass eine spätere alternative Nutzung möglich wird.

In kleinen Gärten werden Sie wohl zugunsten der Kinder zurückstecken müssen, das heißt, Sie brauchen einen Rasen oder eine dick mit Rindenmulch gepolsterte Fläche für Klettergeräte, Schaukel und Spielzeuge. In größeren Gärten darf es ruhig ein eigener Kinder-Garten mit Sandkasten, Planschbecken, Schaukel, Rutschbahn oder sogar einem Baumhaus sein. Weitere Informationen zu diesem Thema finden Sie in dem Buch „Gartenparadiese für Kinder" von Clare Matthews (erschienen 2002 im Kosmos Verlag, ISBN 3-440-09333-6).

Sandkasten

Sandkästen waren und sind begehrte Spielgeräte, in denen Kinder stundenlang ihre Sandburgen bauen und sie wieder einstürzen lassen. Spielsand färbt nicht ab und enthält keine scharfen Teile. Bei guter Planung können Sie einen nicht mehr gebrauchten Sandkasten später in einen Teich umwandeln. Beide brauchen – aus unterschiedlichen Gründen – einen sonnigen Standort und müssen vom Haus aus sichtbar sein.

Sichere Begrenzung

Sicherheit im Garten heißt vor allem, dass die Kinder den Garten nicht verlassen dürfen. Ein Kind, das ungesehen aus dem Garten spaziert und auf die Straße geht, ist potenziell allen Arten von Problemen und Unfällen ausgesetzt. Umgeben Sie daher Ihren Garten mit einer Begrenzung und achten Sie darauf, alle Zugänge kindersicher verschlossen zu halten. Kinder dürfen nicht zwischen Zaunlatten oder Türgittern durchschlüpfen können und Besucher, auch der Briefträger, nicht aus Versehen die Tore offen lassen.

◄ ***In einem Sandkasten spielen Kinder voller Begeisterung viele Stunden lang. Der verschüttete Sand kann bei diesem Sandkasten einfach vom Pflaster zurückgefegt werden.***

Kinder entdecken den Garten

Kinder brauchen nicht nur einen Ort, an dem sie sicher spielen können, in einem gut geplanten und genutzten Garten werden sie auch ihre Liebe zum Gärtnern entdecken. Sehr hilfreich kann ein kleines, von den Kindern bewirtschaftetes Beet sein. Da Kinder sich bei wiederkehrenden Arbeiten rasch langweilen und nur kurze Zeit aufmerksam bleiben, sind pflegeleichte Gärten für sie perfekt geeignet. Suchen Sie unbedingt Pflanzen mit „Sofortwirkung“ aus und rechnen Sie nicht mit langfristiger Beschäftigung. Rasch wachsende Einjährige und Gemüse sind genau richtig; sie sorgen dauernd für Abwechslung.

▲ *Fingerhut (***Digitalis purpurea***) ist sehr giftig; er gehört nicht in einen Garten, in dem Kinder spielen.*

Sicherheit für Kinder

- Verschließen Sie alle Tore sicher und achten Sie auf intakte Zäune.
- Polstern Sie den Boden unter den Spielgeräten mit einer 5–8 cm dicken Schicht aus Rindenmulch ab.
- Platzieren Sie Kinderspielgeräte stets in Blickkontakt mit dem Haus.
- Pflanzen Sie keine giftigen, stacheligen oder dornigen Pflanzen. In vielen Gartencentern sind die Giftpflanzen gekennzeichnet, fragen Sie aber im Zweifelsfall besser nach.
- Ziehen Sie einen Zaun um offene Wasserflächen oder decken Sie sie mit einem starken Gitter ab. Richten Sie stattdessen einen Sprudelbrunnen ein.
- Schützen Sie Kinder vor Verletzungen mit Glas von Gewächshäusern, spitzen Stäben und Stöcken.

Giftpflanzen

Aconitum (Eisenhut)
Arum (Aronstab)
Brugmansia* syn. *Datura (Stechapfel)
Colchicum (Herbstzeitlose)
Digitalis (Fingerhut)
Euphorbia (Wolfsmilch)
Laburnum (Goldregen)
Rhamnus (Kreuzdorn)
Solanum (Nachtschatten)
Taxus (Eibe)

Schattenspender

Bei heißem, sonnigem Wetter kann es unbequem werden, längere Zeit der Sonne ausgesetzt zu sein, vor allem beim Essen oder entspannten Lesen. Viel angenehmer ist der lichte Schatten einer Pergola oder einer Laube, in deren lauschiger Atmosphäre es sich wunderbar aushalten lässt. Sofern es in Ihrem Garten bereits schattige Orte gibt, sollten Sie Ihre Sitzplätze dorthin verlegen; wenn nicht, lassen sich leicht Plätze im Schatten anlegen.

◄ ***Eine Markise oder ein Segel, das man an der Wand befestigt und mit Bambusstäben stützt, erzeugt auf einfachste Weise eine schattige Ecke.***

Dauerhafter Schatten

Schattenspender	Vorteile	Nachteile	Tipps
Laube	In runder oder eckiger Form perfekt als kleiner Essplatz; auch mit stabilem Dach und aus vielen Materialien.	Wegen der offenen Bauweise kaum als Windschutz geeignet.	Bei offener Bauweise empfiehlt sich ein Bewuchs aus Kletterpflanzen.
Pergola	Ideal als Schattenspender für größere Flächen, abgeschlossene Atmosphäre; kann passend für alle Örtlichkeiten gebaut werden, aus vielen Materialien.	Die Stützpfähle müssen mit Beton im Boden verankert werden.	Lichter Schatten durch Bewuchs mit Kletterpflanzen.
Gartenhaus	Hübscher Ort für bequemes Essen; in vielen Größen und Stilen erhältlich.	Teuer	Wenn möglich, sollte das Gartenhaus etwas abseits vom Haus eingerichtet werden.
Bäume	Kühler, lichter Schatten; Laubbäume spenden den besten Schatten.	Die Größe ändert sich; manche Bäume beschatten den ganzen Garten; Immergrüne werfen tiefe Schatten.	Sägen Sie bei größeren Bäumen die unteren Äste ab, um die Schattenfläche zu verkleinern.

Temporärer Schatten

Mit Markisen, Sonnenschirmen und -zelten lassen sich kurzfristig und sehr flexibel schattige Flächen erzeugen. Vor allem wenn Sie nur Raum für einen Sitzplatz haben, bietet sich diese Möglichkeit an. Auch wenn Sie für Partys eine größere Schattenfläche als üblich benötigen – etwa mitten auf dem Rasen –, sind temporäre Schattenspender das Mittel der Wahl. Nicht gebrauchte Markisen, Sonnenschirme und -zelte lassen sich einfach verstauen.

Sonnenzelte, einfache Stoffkonstruktionen über einem Metallrahmen, werden immer beliebter. Das Dach steht auf vier dünnen Stangen; auch Seitenteile sind erhältlich. Da man sie auch bei schlechterem Wetter aufstellen kann, sind sie gut für Partys geeignet.

Markisen werden gewöhnlich an einer Wand verankert und an ihrer freien Seite durch Pfähle gestützt. Man kann sie ausziehen und bei Bedarf auch wieder aufrollen. Sie sind ideal für Terrassen am Haus. Fertig gekaufte Markisen (auch freitragend) bestehen meist aus Segeltuch oder Kunststoff. Sie können sie aber auch selbst aus Bastmatten, Segeltuch oder bunten Stoffstreifen herstellen. Verwenden Sie kräftige Bambusrohre als Stütze und befestigen Sie die Markise mit stabilen Spannseilen, sonst werden Sie bei Windböen eine Überraschung erleben.

Sonnenschirme kann man leicht aufstellen und beliebig im Garten verteilen. Allerdings sind sie auf einen schweren Ständer angewiesen und überschatten meist nur eine geringe Fläche. Dennoch sind sie dank ihrer Flexibilität sehr nützlich.

Auswahl einer einfachen Pergola

- Rustikale Pergolen lassen sich einfach erbauen, da man ihre Balken zurechtschneiden und aneinander nageln kann. Verwenden Sie imprägniertes Holz, das Sie bei Bedarf auch farbig beizen können.
- Pergolen aus zugeschnittenen Balken werden als Bausatz angeboten, Stützen und Balken haben bereits die passende Länge. Es gibt verschiedene Formen und Sie können dem Material mit Farbe Ihren persönlichen Stempel aufdrücken.
- Pergolen aus Metallrohren werden durch Anstrich oder einen Plastiküberzug haltbarer gemacht. Einige sind dünn und leicht konstruiert und rosten schneller als Modelle guter Qualität.
- Eine Konstruktion aus Schmiedeeisen setzt einen starken Akzent und hält viele Jahre lang. Sie muss gestrichen werden, damit sich kein Rost bildet.
- Holzbalken auf Pfeilern aus Ziegelsteinen eignen sich für große Pergolen mit mediterranem Flair.

Die 10 besten Schattenspender

Betula utilis* var. *jaquemontii (Himalaya-Birke)
***Clematis montana* var. *rubens* 'Tetrarose'** (Waldrebe)
***Humulus lupulus* 'Aureus'** (Hopfen)
Lonicera periclymenum (Geißblatt)
Malus domestica (Apfelbaum)
***Malus* x *zumi* 'Golden Hornet'** (Zierapfel)
Prunus serrula (Japanische Blütenkirsche)
***Sorbus aria* 'Lutescens'** (Mehlbeere)
***Viburnum plicatum* 'Mariesii'** (Japanischer Schneeball)
***Vitis* Arten und Sorten** (Wein)

◄ *Dieses Geißblatt (*Lonicera periclymenum *'Serotina') spendet nicht nur wertvollen Schatten, sondern bildet zusätzlich duftende Blüten. Am besten kann man es neben einem Sitzplatz genießen.*

Gartenpartys

Fast noch besser, als im Garten zu entspannen und das warme Wetter zu genießen, sind Stunden, die man dort mit Familie und Freunden verbringt. Ob Sie eine Cocktailparty, Kaffeetafel, ein langes, bequemes Mittagessen oder ein Candlelight-Dinner unter dem Sternenlicht planen, Ihr Garten wird zu einem eigenständigen Raum werden, der optimal aussieht.

◄ ***Auf diesem Deck finden Tisch und Stühle reichlich Platz. Planen Sie so viele Sitzplätze wie möglich ein – Sie werden mehr brauchen, als Sie glauben.***

Essen im Freien

Viele Menschen essen lieber an einem abgeschlossenen Ort als völlig im Freien. Das heißt nicht, dass sie nur im Zimmer essen, aber auch draußen wünschen sie sich einen gewissen Schutz, etwa eine Lichtung zwischen Sträuchern und Bäumen oder eine Laube. Andererseits erzeugen vier Pfosten und die Abdeckung einer Pergola bereits die Illusion eines abgeschlossenen Raumes. Ein solches „Raumskelett" wird von einigen Schatten bildenden Kletterpflanzen noch besser zur Geltung gebracht. Besonders empfehlenswert sind duftende Pflanzen, z.B. Kletterpflanzen wie Geißblatt oder Jasmin, oder Kübel mit Lilien oder Ziertabak. Am Abend können Sie Lichter an den Stützen befestigen. Da bereits eine kleine Terrasse den Raum besser zu definieren scheint als eine Rasenfläche, fühlen sich viele Menschen dort wohler. Geben Sie sich Mühe, den Tisch entsprechend dem Anlass zu dekorieren – frische Servietten und Blumen machen die Natur zivilisierter.

Praktische Tipps

- Stehen Tisch und Stühle dauerhaft im Garten, brauchen Sie vor dem Essen nur ein frisches Tischtuch und Polster aufzulegen.
- Der Tisch sollte stabil auf einer glatten, festen Unterlage stehen.
- Bei weniger Platz sind Klapptische sehr praktisch.
- Der Tisch sollte so groß wie möglich sein, damit Sie genügend Platz für Platten und Geschirr haben und jeder Gast bequem sitzen kann.
- Entscheiden Sie sich für bequeme Stühle mit aufgelegten Polstern. Achten Sie darauf, dass Stühle und Tisch in der Höhe zusammenpassen.
- Wenn Sie häufiger draußen essen, sollte der Essplatz in der Nähe der Küche liegen.
- Achten Sie auf dauerhaften oder temporären Schatten über dem Essplatz.

Kochen im Freien

Wenn Sie häufiger grillen oder viele Gäste bewirten, sollten Sie einen offenen Grill auf der Terrasse in Betracht ziehen. Dabei kann es sich um einen dauerhaften, fest eingebauten Grill mit Sitzplatz und Ablage oder ein bewegliches Modell handeln, das nach Gebrauch in einem Schuppen oder der Garage verschwindet. Vielfach ist ein beweglicher Grill besser geeignet, da man ihn je nach Gelegenheit an die günstigste Stelle rücken kann. So bleibt er im Zentrum der Party und der Koch nahe bei seinen Gästen.

Eingebaute Grilleinrichtungen können sehr schlicht bis luxuriös sein, von einer einfachen Konstruktion aus Ziegelsteinen bis zu komplizierteren Bauwerken mit Rauchabzug und Stauraum für Geräte.

Grill: Hinweise und Tipps

- Mit einem Grill kann man nicht nur Gäste einfach und fröhlich bewirten, er eignet sich auch gut für Familienessen.
- Ein Grill kann frei stehen oder eingebaut, einfach oder kompliziert sein. Überlegen Sie sich vor dem Kauf, was Sie planen.
- Frei stehende Grillgeräte kann man je nach Wetterlage umstellen, müssen aber im Winter verstaut werden. Überlegen Sie sich vor dem Kauf, wo der Grill im Winter hinkommt.
- Manche fest stehenden Grillgeräte haben eine Arbeitsfläche und Ablagen für Geräte und Grillkohle oder sogar einen Rauchabzug.
- Ein Gasgrill ist verlässlich und sofort einsatzbereit; Holzkohle macht aber mehr Spaß – trotz der Wartezeit.
- Stellen Sie den Grill dort auf, wo der Rauch nicht zum Problem wird. Denken Sie an Gäste, Nachbarn und Fenster.
- Stellen Sie den Grill nicht in die Nähe von brennbaren Objekten wie Pflanzen, Schuppen und Rankgitter.
- Achten Sie auf Kinder.

5 wichtige Voraussetzungen für Gäste

- Genügend bequeme Stühle
- Schatten
- Kochen direkt im Freien
- Großer Esstisch
- Angenehme Atmosphäre

◄ Mit einem Gasgrill sind Sie gegen die Unwägbarkeiten des Kochens im Freien gefeit; er muss aber sicher verstaut werden, wenn er nicht gebraucht wird.

Wasser im Garten

Es gibt kaum etwas, das ähnlich beruhigt wie das Geräusch fließenden Wassers, und das Spiel des Lichtes auf einer Wasseroberfläche kann etwas Magisches haben. Außerdem zieht Wasser Tiere wie Vögel, Bienen, Schmetterlinge, Libellen, Frösche und Molche an, die einen Teich faszinierend und lebendig machen. Ein Platz für Wasser findet sich auch im kleinsten Garten, sei es als Wand- oder Sprudelbrunnen, als klassisches Teichbecken oder als naturnaher Teich.

Sobald sie sich etabliert haben, kommen Teiche mit wenig Arbeit aus, was sie besonders interessant für einen pflegeleichten Garten macht. Vor allem große Teiche darf man ruhig sich selbst überlassen.

Teiche eignen sich am besten für offene, sonnige Plätze. Legen Sie keinen Teich unter Laubbäumen an, sonst fällt das Herbstlaub hinein und das Wasser wird schlammig. Wenn Sie Pumpen oder Springbrunnen in den Teich verlegen wollen, sollten Sie dies möglichst tun, bevor Sie den Garten gestalten, denn beim Eingraben von Rohren und Kabeln wird vieles zerstört. Lassen Sie die elektrischen Arbeiten im Freiland von einem Fachmann erledigen.

▲ ***Ein Wandbrunnen, der in diesen mit Feldsteinen gefüllten Trog plätschert, macht gurgelnde und plätschernde Geräusche. Da es keine offene Wasserfläche gibt, ist die Sicherheit von kleinen Kindern garantiert.***

Einen Stil auswählen

- Bei Wandbrunnen fließt das Wasser aus einem Rohr in ein kleines Becken und wird über eine Tauchpumpe wieder zurückgepumpt. Es gibt verschiedene Modelle, die zum Teil auch als Bausatz erhältlich sind. Sie eignen sich für kleine Hofgärten und sind recht kindersicher.
- Sprudelbrunnen sind das für Kinder sicherste Wasserspiel. Das Wasser sprudelt zwischen Kieselsteinen, durch einen Mühlstein, Feldstein oder ein Tongefäß nach oben und wird über eine Pumpe in einem unterirdischen Reservoir zurückgepumpt; meist als Bausatz erhältlich.
- Tröge, Kübel und Fässer eignen sich für Terrassen oder kleine Gärten. Sollte der Behälter nicht wasserdicht sein, wird er durch einen Einsatz oder eine Teichfolie abgedichtet.
- Klassische Teichbecken sind meist regelmäßig geformt und von Natur- oder Ziegelsteinen eingefasst. Man kann sie erhöht oder auf Bodenniveau einrichten. Meist werden sie an einer Terrasse angelegt und die geraden Linien durch Pflanzen gebrochen.
- Naturnahe Teiche werden in unregelmäßigen Formen freier gestaltet und von Natursteinen oder Kieseln gesäumt. Viele Wasserpflanzen lassen den Teich besser mit der Umgebung verschmelzen.
- Bäche und Wasserfälle müssen sehr sorgfältig geplant werden, wenn sie gut aussehen sollen. Felsen, Kies und Pflanzen geben ihnen ein naturnahes Aussehen. Häufig werden sie auch mit Steingärten kombiniert.

Tipps, die Zeit sparen

- Setzen Sie Teichpflanzen in Gitterkörbe, so lassen sie sich zum Teilen besser entnehmen.
- Sichern Sie den Teichrand ab. Locker verlegte Steine sind gefährlich; zwischen den Steinen wächst Unkraut und Gras, das nur schwer zu entfernen ist.
- Meiden Sie stark wachsende Teichpflanzen wie Rohrkolben (*Typha latifolia*), da sie ständig ausgedünnt werden müssen.
- Setzen Sie keine Fische in den Teich, wenn Ihnen im Sommer die Zeit fehlt, sie zu füttern. Ein Teich lockt Frösche und Molche an, deren Beobachtung auch Spaß macht und die keiner Pflege bedürfen.

Pflegeplan

- Füllen Sie bei warmem Wetter das Wasser auf, vor allem in kleinen Teichen.
- Entfernen Sie gelegentlich Laub und Schmutz aus dem Teich, besonders im Herbst.
- Entfernen Sie einige Wasserpflanzen, wenn sie den Teich zu ersticken drohen.
- Teilen Sie Teichpflanzen immer dann, wenn sie zu üppig werden; schneiden Sie sie zurück, falls erforderlich.
- Lassen Sie die Pumpe regelmäßig warten.

Tiere anlocken

Tiere wie Vögel und Insekten werden sich am Teich einstellen, um zu trinken und zu baden. Bieten Sie ihnen die Möglichkeit, das Wasser über ein flaches Ufer oder Kies zu erreichen. Setzen Sie für scheue Tiere üppige Pflanzen als Deckung ins Wasser und ans Ufer.

Solarbetriebene Teichgeräte

Elektrizität im Garten ist teuer, sehen Sie sich also nach solarbetriebenen Pumpen, Springbrunnen und Lampen um, die zwar nicht ganz so leistungsfähig, dafür aber sicher und bequem sind. Wenn die Sonnenkollektoren an einem geeigneten Platz stehen, können Sie damit Pumpen bis zu einem Durchfluss von 1500 Litern pro Stunde betreiben, genug für einen kontinuierlichen Wasserstrom.

Schwimmende Springbrunnen können bis 30 cm hoch spritzen – ausreichend für einen kleinen Teich. Es gibt auch schwimmende Lampen, die bis 8 Stunden lang gelbes, rotes und grünes Licht abstrahlen und am Tage aufgeladen werden.

Die besten Pflanzen für kleine Teiche

Wählen Sie Ihre Wasserpflanzen unter den folgenden Vorschlägen aus. Blätter sollten etwa die Hälfte der Wasseroberfläche bedecken; hinzu kommen Sauerstoff produzierende Pflanzen, die aber nicht zu üppig werden dürfen.

Aponogeton distachyos (Wasserähre)
Butomus umbellatus (Schwanenblume)
Caltha palustris (Sumpfdotterblume)
Hottonia palustris (Wasserfeder)
Iris laevigata (Sumpf-Schwertlilie)
Myriophyllum aquaticum (Tausendblatt)
Nymphaea tetragona (Zwerg-Seerose)
Pistia stratiotes (Wassersalat)
Pontederia cordata (Hechtkraut)
Typha minima (Zwerg-Rohrkolben)
Zantedeschia aethiopica (Kalla)

▶ ***Der Handel bietet Brunnen in allen Formen und Größen mit den unterschiedlichsten Effekten an. Dieser moderne Springbrunnen erzeugt spiralig angeordnete kleine Strahlen, die durch Unterwasserlampen betont werden.***

Sitzen und Denken

Wenn man seinen Garten so intensiv wie ein Zimmer der Wohnung nutzen möchte, braucht man Möbel. Gartencenter, Baumärkte, Floh- und Trödelmärkte bieten Möbel in großer Vielfalt und allen Preislagen an. Da manche Teile sehr teuer sind, lohnt sich eine genaue Überlegung, was man braucht – natürlich sollte man in Stühlen auch Probe sitzen.

Die Gartenmöbel sollten zum Stil des Gartens passen. Einige Möbel werden ganzjährig im Freien bleiben; andere stellt man nur bei Bedarf heraus. Dauerhafte Möbel müssen unbedingt wetterfest sein. Nehmen Sie sich Zeit zu entscheiden, wo die Möbel hinsollen, ob dort Sonne oder Schatten vorherrscht, ob der Platz geschützt oder exponiert ist, ob Duft- oder attraktive Pflanzen als Blickpunkte in der Nähe stehen.

Wenn Sie gerne Gäste bewirten, sollten Sie sich einen Vorrat an Klappmöbeln zulegen. Zusammenklappbare Liegestühle oder Klappstühle für den Tisch sind sicher praktisch, brauchen aber einen Stauraum für die Zeit, in der sie nicht gebraucht werden. Schließlich ist da noch die gute alte Decke, die man einfach auf den Rasen legen kann.

▲ ***Diese wunderschöne Bank in schnörkellosem Design bildet den perfekten Hintergrund für die weichen, silbrigen Pflanzen in Ihrer Umgebung.***

▲ ***Was ist entspannender als im lichten Schatten eines Baumes in einer Hängematte zu liegen?***

Nützliche Vorschläge

- Esstisch mit Stühlen
- Kleiner, verstellbarer Tisch
- Gartenbank oder -stuhl
- Liegen
- Klappstühle
- Liegestühle
- Hängematte
- Decke für den Rasen

Auswahl der Möbel

••• kaum oder keine Pflege •• wenig Pflege • leichte Pflege

Material	Vorteile	Nachteile
Aluminium •••	Preiswert, leicht, kann elegant wirken; keine Pflege erforderlich	Passt nicht zu jedem Gartenstil
Hartholz •••	Kaum Pflege erforderlich; attraktiv und passt zu allen Stilen	Kann teuer sein; kaufen Sie nur Holz aus nachhaltiger Plantagenproduktion
Plastik •••	Preiswert, bequem, leicht und bequem zu transportieren; Stapelstühle brauchen nur wenig Platz; gut für überraschende Gäste	Sieht nicht immer ansprechend aus; die Farben können verblassen
Gusseisen oder andere Metalle ••	Robust und dauerhaft; können ganzjährig im Freien bleiben; nicht rostendes Aluminium braucht keinerlei Pflege	Schwer; Gusseisen rostet, wenn es nicht regelmäßig gestrichen wird; unbequem, wenn man längere Zeit darauf sitzt
Weichholz •	Preiswert, kann attraktiv aussehen; gut für Heimwerker	Muss regelmäßig mit Farbe oder Holzschutzmittel gestrichen werden; billiges Material sieht bald klapprig aus
Bambus, Rattan •	Preiswert, leicht und bequem zu transportieren, sieht attraktiv aus	Muss trocken gelagert werden
Segeltuch oder Polsterstoffe •	Farbig, bequem, leicht und sehr bequem zu transportieren	Muss trocken gelagert werden, wenn nicht in Gebrauch

Lagerung im Winter

Die meisten Möbel danken es Ihnen, wenn sie im Winter abgedeckt werden – zu dieser Jahreszeit wird man sie ohnehin kaum nutzen. Für einen Tisch mit Stühlen und ein oder zwei Liegestühle brauchen Sie bereits einen Schuppen oder eine Garage. Steht Ihnen dieser Raum nicht zur Verfügung, sollten Sie wetterfeste Möbel oder spezielle Abdeckfolien anschaffen. Säubern Sie die Möbel, bevor Sie sie wegräumen, und streichen Sie Hölzer mit Schutzfarbe an (außer Hartholz). Stoff- und Holzmöbel müssen völlig trocken sein, sonst faulen sie.

▶ ***Hartholzbänke werden in vielen Stilrichtungen angeboten. Sie sind teuer, halten dafür aber auch viele Jahre.***

Es werde Licht

Die meisten Menschen halten sich vorwiegend an Wochenenden oder abends im Garten auf. Wenn Sie abends im Freien essen möchten, brauchen Sie nicht nur Licht für den Essplatz, sondern auch für die Wege und die übrigen Gartenbereiche. Geschickt beleuchtete Gärten entfalten eine beinahe magische Wirkung – ganz anders als im nüchternen Tageslicht.

Sie sollten über das Licht genauso intensiv nachdenken wie über alle anderen Belange des Gartens. Es gibt Leute, die halten helles Halogen-Flutlicht im gesamten Garten für die optimale Beleuchtung, doch in der Regel erscheinen die Gärten damit keineswegs attraktiver. In solch gleißendem Licht zu sitzen und zu essen, ist nicht jedermanns Sache.

Gartenlampen sollten die Wege und potenziellen Gefahrenstellen ausreichend ausleuchten; beim Essen muss man erkennen, was auf dem Teller liegt. Auch eine unbeleuchtete Stelle kann wirkungsvoll sein. Eine Lampe, deren Schein auf die Zweige eines Baumes oder Strauches fällt, erzeugt Licht- und Schattenflächen, während die Dunkelheit der Umgebung jeden beleuchteten Ast zur Geltung bringt.

Elektrizität

Ein Stromkabel durch den Garten zu legen, ist keine einfache Aufgabe und sollte einem Fachmann übertragen werden. Wenn Sie eine Tauchpumpe anlegen möchten, dann lassen Sie gleich ein Hauptkabel für eventuelle Lampen mit verlegen. Stromleitungen für das Freiland sind besonders isoliert und sollten in einem 1 m tief verlegten Rohr verlaufen, damit sie nicht durch Gartenarbeiten freigelegt werden.

Im Garten gelten besondere Sicherheitsvorschriften. Alle Geräte sollten das GS-Siegel für geprüfte Sicherheit tragen und die Stromleitungen durch einen Fehlerstrom-Schutzschalter abgesichert sein. Da solche Sicherungen auch auf Überspannungen oder Stromausfälle reagieren können, sollten Sie bei nicht funktionierenden Lampen oder Pumpen zunächst nach der Sicherung sehen.

Viele der neuen Leuchtkörper für den Garten sind als Niedervoltlampen ausgelegt. Die Kabel sind zwar leichter zu verlegen als ein 220-V-Kabel, man braucht aber einen Transformator, um den Wechselstrom aus der Steckdose auf 12 V zu regeln. Der Transformator wird im Haus, einem Schuppen oder in der Garage an den normalen Stromkreis angeschlossen (direkt oder über eine Steckdose) und die Niedervoltkabel zu den Lampen oder Pumpen geführt. Die Leitungen brauchen nicht eingegraben zu werden, sondern dürfen oberirdisch verlaufen – natürlich nicht über Wege, wo sie Stolperfallen bilden, oder

◀ ***Man kann Gartenleuchten als dekorative Elemente einsetzen; sie sollten sich aber in den Garten einfügen, ohne ihn zu beherrschen.***

über feste Oberflächen wie Felsen oder Pflaster, wo sie beschädigt werden könnten.

Der Fachhandel bietet Niedervoltlampen in einer Vielzahl von Formen und Stilrichtungen an, von Speziallampen, um Wege und Treppen zu beleuchten, bis zu Unterwasser-Teichlampen. Sie sind vielseitig, preiswert und einfach zu installieren und äußerst wirkungsvoll. Allerdings nimmt die Leistung mit der Entfernung vom Transformator – weiter als 30 m sollten die Geräte nicht entfernt sein – und mit der Zahl der Anschlüsse ab. In größeren Gärten braucht man daher mehrere Transformatoren.

Andere Leuchten

- Kerzen mit Ihrem weichen, flackernden Licht sind eine einfache Lösung für den Garten. Werden sie in Laternen oder Gläser gestellt, halten sie auch Wind aus. Der Handel bietet eine große Auswahl an Duftkerzen an, die Insekten wie z.B. Mücken abschrecken.
- Paraffinlampen brennen heller und länger als Kerzen. Man hängt sie an Bäumen oder unter Pergolen auf.
- Fackeln, eigentlich riesige Kerzen, eignen sich gut für Partys. Man kann sie überall im Garten aufstellen. Einige schrecken Insekten ab.

Solarbetriebene Lampen

Angebot, Qualität und Funktionalität solarbetriebener Lampen nehmen ständig zu. Neuere Modelle leuchten heller und sind haltbarer als ihre Vorgänger, einige werden aus Aluminium gefertigt. Man kann bereits Typen kaufen, die zehn Stunden lang brennen, obwohl die Durchschnittswerte zwischen fünf und acht Stunden liegen. An trüben Tagen reduziert sich die Leistung auf etwa drei Stunden.

Das weiche Licht solarbetriebener Lampen eignet sich besonders gut für den Garten. Solarlampen lassen sich einfach und bequem installieren – man braucht weder Stecker noch Anschlüsse – und sie können, je nach Wunsch, beliebig im Garten platziert werden. Außerdem sind sie völlig sicher, da sie mit Niedervoltstrom betrieben und nicht an die Stromleitung angeschlossen werden. Vor allem jedoch sind sie umweltfreundlich und wartungsfrei.

Das Angebot in den Geschäften wird immer breiter. Man bekommt Wandlampen für Eingänge und Torwege, Modelle, die in den Boden gesteckt werden, für Wege und Blumenbeete und schließlich Lampen auf Trägern, die Licht von oben abgeben. Vielfach kann man sie jedoch nicht ausschalten, das heißt, wenn sie einmal leuchten, bleiben sie auch an.

▲ *Gartenfackeln eignen sich gut für Partys und Grillfeste, denn sie sorgen für Licht und schaffen eine anregende Atmosphäre*

PFLEGEN

5

Sofern Sie die Ratschläge zur Planung und Anlage eines pflegeleichten Gartens beherzigt haben, werden Sie ihn auch ohne großen Aufwand in Form halten können. In Ihrem Garten sollte eine gute Auswahl pflegeleichter und genügsamer Pflanzen wachsen, und wenn Sie sich nach den Vorschlägen für arbeitssparendes Design und Gestaltung gerichtet haben, müsste Ihr Garten stets prachtvoll aussehen – bei dem Arbeitsaufwand, den Sie für sich eingeplant hatten.

Denken Sie daran, dass Ihr Garten für einen minimalen Pflegeaufwand konzipiert worden ist. Dennoch wird sich auch hier die Arbeit auftürmen, wenn Sie vergessen, die regelmäßigen – wenn auch geringfügigen – Pflegemaßnahmen durchzuführen. Unkraut muss ausgezupft werden, sobald es erscheint, später wird es mühsamer. Wenn Sie den Pflanzen erlauben, Samen zu bilden, nehmen Ihre Probleme schlagartig zu. Mit den paar Minuten, die Sie ins Jäten der Unkräuter investieren, ersparen Sie sich für später viele Stunden Arbeit. Wenn Sie jede aufkeimende Krankheit oder auftretende Schädlinge sofort bekämpfen und nicht abwarten, ersparen Sie sich viel Zeit und Ärger.

Je sorgfältiger Sie den Garten geplant haben, desto geringer ist die Gefahr, dass etwas schief läuft. Wenn Sie jeden Bestandteil Ihres Gartens auf Zeitersparnis hin optimiert haben, werden Sie mit einer Stunde Arbeit pro Woche auskommen und Ihr Garten dürfte noch immer so prachtvoll aussehen wie nach seiner Anlage.

„Je sorgfältiger Sie den Garten geplant haben, desto geringer ist die Gefahr, dass etwas schief läuft.“

◄ *Kübel und kleine Blumenbeete sind einfach zu pflegen. Der Flechtzaun sieht nicht nur gut aus, sondern grenzt den Bereich ein und schirmt den Ahorn im Kübel vor schlechtem Wetter ab.*

▲ *Der ultimative pflegeleichte Garten: eine elegante Terrasse mit nur Hauswurz zwischen den Kieseln und einer Abschirmung aus pflegeleichten Sträuchern und Stauden.*

Routine minimieren

Es gibt keinen Garten, der völlig ohne Pflege auskommt. Man kann die wichtigsten Routinearbeiten – Düngen, Wässern, Zurückschneiden, Einpflanzen – aber innerhalb einer Stunde pro Woche erledigen.

Ein guter Anfang

Wenn Sie beim Einpflanzen etwas mehr Aufwand betreiben, werden Ihre Pflanzen einen guten Start haben und gesund bleiben. Bereiten Sie den Boden gründlich vor, entfernen Sie die Wurzeln mehrjähriger Unkräuter, und lockern Sie ihn bis zu einer Tiefe von 30–60 cm auf (je nach der Größe der Pflanze). Arbeiten Sie reichlich Kompost, Mist oder Laubhumus ein. Damit verbessern Sie alle Bodenarten: Schwere Böden werden durchlässiger und weniger anfällig für Staunässe, sandige Böden halten mehr Wasser und Mineralien zurück.

Danach graben Sie ein Pflanzloch, in dem der Ballen gut Platz findet, und mischen etwas Universaldünger in den Boden. Das Loch sollte so tief sein, dass die Oberkante des Wurzelballens mit der Erdoberfläche abschließt. Füllen Sie die Erde wieder ein und treten Sie sie leicht fest. Gehen Sie bei jeder Pflanze so vor, danach wird die Oberfläche gemulcht, um Unkräuter zu unterdrücken und die Feuchtigkeit zu halten.

▲ ***Pflanzen sollten möglichst dicht stehen, damit sich zwischen ihnen keine Unkräuter etablieren können; so bleibt auch die Bodenfeuchtigkeit erhalten.***

Richtig düngen

Pflanzen brauchen regelmäßig Dünger, um gesund und problemlos zu gedeihen. Natürlich werden die Blumen in einem Beet nicht eingehen, wenn Sie den Dünger vergessen, aber sie werden anfälliger gegen Krankheiten und Schädlinge. Damit kommt viel Mühe und Arbeit auf Sie zu und im schlimmsten Fall werden Sie die kranken Pflanzen ausgraben und neu anfangen müssen.

Sträucher, Bäume und etablierte Stauden kommen mit einer Düngung pro Jahr aus. Geben Sie im Frühling Langzeitdünger und harken Sie ihn vorsichtig in den Boden um die Pflanzen herum ein. Das Gleiche gilt für dauerhafte Kübelbepflanzungen.

Kräuter, Gemüse und Sommerblumen wachsen sehr schnell und brauchen mehr Dünger. Ihnen gibt man während der Vegetationsperiode Flüssigdünger, den man in Wasser auflösen kann. Lesen Sie sich vor dem Kauf genau die Packungsangaben durch, damit Sie das optimale Produkt wählen, und halten Sie sich an die Mengenangaben.

Wählen Sie, wenn möglich, organische Dünger. Mineralische Kunstdünger, wenn sie nicht richtig angewandt werden, können dem Wurzelsystem schaden, während organische Dünger das natürliche Gleichgewicht der Bodennährstoffe fördern.

Gieß-Tipps

Wenn Sie Beete und Rabatten im Frühling mulchen solange die Erde noch feucht ist, brauchen Sie ältere Sträucher und Stauden nur bei längerer und stärkerer Trockenheit zu gießen. Andererseits müssen neu gepflanzte Gewächse im ersten Jahr regelmäßig gegossen werden bis sie sich etabliert haben. Auch Kübel und Nutzpflanzen brauchen regelmäßig Wasser.

- Gießen Sie selten, aber gründlich, damit die Pflanzen tief reichende Wurzeln ausbilden. Wird nur die Erdoberfläche angefeuchtet, bleibt das Wurzelwerk flach und empfindlich gegenüber Trockenheit.
- Versuchen Sie bei trockenem Wetter nicht, alle Pflanzen zu gießen, es sei denn, Sie haben genug Zeit. Es ist besser, nur die gefährdeten Exemplare zu wässern – die aber gründlich.
- Stellen Sie die Kübel bei trockenem Wetter in Untersetzer und mulchen Sie die Erdoberfläche. Beachten Sie die Gießtipps für Kübel auf den Seiten 96–97.
- Haben Sie im ersten Jahr ein wachsames Auge auf die Jungpflanzen. Sie sind sehr anfällig gegenüber Trockenheit.
- Gemüse und Salate müssen regelmäßig gegossen werden, damit sie sich gut entwickeln.

Rückschnitt

Die oberirdischen Teile von Blüten- und Blattstauden sterben im Spätherst ab, um im nächsten Frühling wieder auszutreiben. Sie müssen das abgestorbene Laub entfernen, damit sich die neuen Triebe entfalten können. Die beste Zeit für diese Arbeit ist der Herbst oder der Vorfrühling des Folgejahres.

Bleiben die alten Blätter den Winter über stehen, bieten sie den zarten Trieben Frostschutz, dienen Insekten als Winterquartier, die wiederum von Vögeln gefressen werden. Allerdings könnten Sie beim Rückschnitt erst im Frühling die neuen Triebe beschädigen oder Krankheiten und Schädlingen eine Überwinterungsmöglichkeit bieten. Ob Sie sich diese Arbeit im Herbst oder Frühling machen, richtet sich nach dem Mikroklima im Garten und danach, ob Ihnen die von Reif überzogenen Stängel und Fruchtstände gefallen.

▶ ***Große Kübel brauchen weniger Wasser als kleine, müssen aber bei heißem Wetter dennoch regelmäßig überprüft werden.***

So planen Sie die Arbeiten

Manche Menschen lieben es, die regelmäßig anfallenden Arbeiten in einem traditionellen Garten – Boden lockern, auslichten, Stauden teilen – zu erledigen. Für die meisten modernen Menschen ist ein Garten jedoch eher Mittel zum Zweck, das heißt, sie wünschen sich einen Ort, wo man im Freien entspannen kann, und das mit einem Minimum an Aufwand. In der Tat lassen sich die Routinearbeiten fast auf null reduzieren, wenn man bereit ist, das Design radikal zu verändern. Fast immer entsteht dabei ein Garten, der trotz wenig Pflege und Aufmerksamkeit gut aussieht. Sobald der Druck entfällt und man einsieht, wie wenig Arbeit in der Tat erforderlich ist, beginnt man seinen Garten zu genießen. Befolgen Sie die goldene Regel des pflegeleichten Gartens: Tun Sie wenig, dies aber recht oft.

Ärger vermeiden

- Setzen Sie die Pflanzen erst ein, nachdem Sie den Boden gut vorbereitet haben (siehe S. 124).
- Halten Sie die Beete in Ordnung; entfernen Sie abgestorbene und verrottete Blätter, damit sich weder Krankheiten noch Schädlinge wie Schnecken einstellen.
- Halten Sie Ihre Pflanzen durch regelmäßiges Düngen und Pflege gesund. Schwächelnde Exemplare sind anfälliger als kräftige, gesunde Pflanzen.
- Entscheiden Sie sich für pflegeleichte Pflanzen, die weder ausgelichtet noch besonders umsorgt werden müssen.
- Achten Sie auf standortgerechte Pflanzen, sie gedeihen besser und bleiben gesund.
- Kaufen Sie nur gesundes, wüchsiges Pflanzenmaterial.
- Dämmen Sie das Unkraut durch regelmäßiges Jäten ein. Junge Unkräuter lassen sich leichter entfernen als bereits etablierte, größere Exemplare.

Zeitplanung

Wenn Sie alle oben genannten Vorschläge befolgen, dürften Sie kaum Schwierigkeiten bekommen.

- Richten Sie sich nach dem Organisationsplan auf den Seiten 148–157; er sagt Ihnen, was wann zu tun ist. Natürlich dauern die einzelnen Tätigkeiten je nach Garten unterschiedlich lange und bei schlechtem Wetter können Sie ohnehin nicht im Garten arbeiten, aber dennoch sollte es Ihnen gelingen, Ihre Zeit gut zu verplanen, damit Sie stets wissen, welche Arbeiten anstehen.
- Führen Sie eine Arbeit immer dann aus, wenn sie gerade ansteht; wenn Sie abwarten, wird alles nur schlimmer und kostet mehr Zeit.
- Behandeln Sie Krankheiten und Schädlinge, sobald sie auftreten (siehe S. 136–137).
- Führen Sie eine Arbeit nur dann aus, wenn die Bedingungen stimmen. Es macht wenig Sinn, auf nassem Boden zu stehen, denn Sie werden ihn tiefgründig verdichten – warten Sie mit dem Pflanzen und Auslichten also besser bis er etwas trockener ist. Setzen Sie bei frostigem, sehr trockenem oder sehr kaltem Wetter keine neuen Pflanzen ein und beginnen Sie erst mit dem Rasenmähen, wenn das Wetter wärmer wird und das Gras wächst.
- Planen Sie die Arbeiten flexibel und bedarfsgerecht.

◀ ***Wenn Sie auskeimendes Unkraut sofort beseitigen und nicht abwarten bis es sich etabliert hat, brauchen Sie im Sommer nicht stundenlang zu jäten.***

▲ ***Abgestorbene Blütenstände von Stauden müssen im Herbst oder Frühling entfernt werden; knipsen Sie sie einfach ab.***

Zeitsparende Werkzeuge und Geräte

Mit dem geeigneten Werkzeug erleichtern Sie sich die Gartenarbeit erheblich. Um einen pflegeleichten Garten zu bearbeiten, brauchen Sie ohnehin nicht viel. Nur in der Phase der Umstellung werden Sie auf ein breiteres Sortiment zurückgreifen müssen. Vielleicht können Sie die entsprechenden Werkzeuge auch leihen, wenn Sie keine weitere Verwendung dafür haben.

Kaufen Sie stets die beste Qualität, die Sie sich leisten können, denn eine lange Haltbarkeit zahlt sich immer aus. Halten Sie Ihr Werkzeug sauber, scharf und eingeölt, um die Lebensdauer der nützlichen Helfer möglichst zu verlängern. Heben Sie es an einem trockenen Platz auf, schließen Sie es gegebenenfalls weg, um es vor Kindern und Dieben zu schützen.

▲ *Mit einem Gartenschlauch geht Ihnen das Gießen leichter, entspannter und schneller von der Hand als mit einer Gießkanne.*

Gartenwerkzeuge

- Spaten: Unverzichtbar für das Einpflanzen, Umgraben nicht bearbeiteten Bodens und das Ausbringen von Mulch. Das beste, allerdings auch teuerste Material ist rostfreier Stahl. Spaten werden in verschiedenen Größen und mit unterschiedlichen Handgriffen angeboten; entscheiden Sie sich für ein Gerät, das Ihnen „passt".
- Grabegabel: Sehr hilfreich, um den Boden aufzubrechen und organisches Material einzuarbeiten. Entscheiden Sie sich für ein leichteres Modell, das Sie benutzen können, ohne sich den Rücken zu verrenken.
- Pflanzschaufel: Erforderlich, um Löcher für kleine Pflanzen und Zwiebeln zu graben und Unkräuter auszustechen. Das beste Material ist rostfreier Stahl. Kaufen Sie sich ein gut ausbalanciertes Modell, das optimal in der Hand liegt.
- Handgabel: Ideal um den Boden zu lockern, und zum Jäten zwischen Pflanzen. Entscheiden Sie sich nach Möglichkeit für ein Modell mit flachen Zinken. Wieder lohnt rostfreier Stahl die Mehrausgabe.
- Hacke: Nützlich, aber nicht unbedingt erforderlich; ideal zum Jäten, ohne sich bücken zu müssen. Es gibt verschiedene Modelle, daher sollten Sie probieren, welches Ihnen zusagt.
- Gartenschere: Unverzichtbar zum Auslichten und Blütenabschneiden. Kaufen Sie sich das beste Modell, das Sie sich leisten können. Bei Amboss-Gartenscheren drückt eine scharfe gegen eine feste Schneide, bei zweischneidigen Gartenscheren bewegt sich eine scharfe an einer zweiten Schneide vorbei. Scheren vom Ambosstyp lassen sich leichter bedienen, halten aber nicht so lange. Schließlich gibt es noch Scheren mit Hebelwirkung, die sich auch mit

wenig Kraft bedienen lassen. Kaufen Sie nur eine Schere, die gut in der Hand liegt; einige Firmen bieten auch Modelle für Linkshänder an – die Suche lohnt sich, wenn Sie mit normalen Modellen nicht zurechtkommen.

- Schubkarre: Nützlich, um Unkraut und Pflanzenschnitt einzusammeln oder Mulch und neue Pflanzen zu transportieren. In einem kleinen Garten sollte die Schubkarre nicht zu groß sein; außerdem brauchen Sie einen Ort, um sie zu lagern.
- Gartenschlauch: Auch in einem kleinen Garten sehr nützlich, um Pflanzen und Kübel zu gießen. Wässern mit dem Schlauch geht schneller und einfacher als mit der Gießkanne. Es gibt platzsparende Modelle, die sich auf eine Trommel wickeln lassen. Bringen Sie einen zeitsparenden Außenwasserhahn an.
- Astscheren mit langen Griffen: Notwendig, wenn Sie stärkere Äste schneiden müssen, und unverzichtbar, wenn Sie viele Sträucher und Bäume haben. Besonders leicht schneiden Modelle mit zusätzlicher Hebelwirkung.
- Rasenmäher: Nur erforderlich, wenn Sie einen Rasen haben. Für einen pflegeleichten Garten ist ein Modell mit Fangkorb unverzichtbar, gleich ob Sie einen Walzen- oder Sichelmäher bevorzugen.
- Motor-Heckenscheren: Unverzichtbar, wenn Sie eine Hecke haben; nur bei sehr kleinen Hecken kommen Sie mit einem Handmodell aus. Entscheiden Sie sich für eine elektrische Heckenschere mit Verlängerungskabel; Modelle mit Benzinmotor können schwer und laut sein.
- Handschuhe und Schutzbrille: Schützen Sie sich bei der Gartenarbeit. Mit dünnen Handschuhen für leichte Arbeiten können Sie spüren, was Sie anfassen, und die Finger gut bewegen. Schwere Handschuhe trägt man gegen Stacheln und Dornen; Schutzbrillen sind notwendig bei der Arbeit mit Heckenscheren und Rasentrimmern.
- Besen: Nützlich, wenn Sie Herbstlaub aufkehren müssen; allerdings nur dann, wenn in und um Ihren Garten viele Laub abwerfende Gehölze stehen.
- Rechen: Ideal, um Laub aufzurechen, den Boden zu glätten oder Kies und Rindenmulch glatt zu rechen. Mit einem Fächerbesen können Sie auch eine kleine Rasenfläche auflockern.

▲ *Ein kleiner Geräteschrank ist ideal für den pflegeleichten Garten geeignet. Manche werden wie ein Schrank aufgestellt, andere an einer Mauer befestigt.*

Notwendige Geräte

Selbst im kleinsten pflegeleichten Garten brauchen Sie folgende Geräte:

- Gartenschere
- Spaten
- Handgabel
- Grabegabel
- Pflanzschaufel

Ein Schubkarren ist zwar nützlich, aber nicht unbedingt erforderlich (er muss gelagert werden), während man einen Gartenschlauch selbst für den kleinsten Teich braucht.

Unkräuter eindämmen

Unkraut zu jäten gehört zu den zeitaufwändigsten, langweiligsten und zudem stets wiederkehrenden Gartenarbeiten. Nackte Erdflächen zwischen den Pflanzen sind wie eine Einladung an ein- und mehrjährige Unkräuter. Wie fast immer, wenn man einen pflegeleichten Garten gestalten möchte, ist Vorbeugen besser als Bekämpfen. Eine dicke Mulchdecke ist der beste Schutz gegen Unkräuter. Der Mulch dämmt lichtkeimende Unkräuter ein und hält die Feuchtigkeit im Boden zurück, sodass die Blumen kräftig und gesund wachsen können, sich ausbreiten und die Unkräuter zusätzlich in Schach halten.

Es gibt drei Arten von Mulch: organischen, Unkraut unterdrückenden und lebenden. Zum organischen Mulch gehören Gartenkompost, verrotteter Stallmist oder Blatthumus. Sie alle werden letztlich unter Beteiligung von Würmern zu Bestandteilen des Bodens und müssen jährlich ergänzt werden, verbessern den Boden und nützen den Pflanzen. Jäten Sie im Spätfrühling alle Unkräuter und schichten Sie neuen Mulch 5–8 cm hoch auf, ohne ihn um die Pflanzenstängel zu verdichten. Siedeln sich Unkrautpflanzen im Mulch an, kann man sie leicht auszupfen.

Unkraut unterdrückender Mulch, wie Kies oder Rindenstücke, können Sie auf einer Folie aufschichten. Dazu eignet sich schwarze Teichfolie, gewebte Polypropylenfolie, die das Wasser durchlässt, oder eine unverwüstliche, gewebte Plastikfolie. Kein mehrjähriges Unkraut kann diese Folien durchdringen, und sollte sich ein einjähriges Kraut ansiedeln, lässt es sich leicht auszupfen, da seine Wurzeln nicht bis in die Erde reichen.

Unter lebendem Mulch versteht man Bodendecker, die so dicht wachsen, dass sie die Erde mit einem dichten Blatttepich überziehen, zwischen dem kein Unkraut keimen kann. Auf den Seiten 84–85 werden einige dieser Pflanzen vorgestellt.

Greifen Sie nur dann zu chemischen Mitteln, wenn Sie keinen anderen Ausweg mehr sehen. Wenn Sie etwa einen überwucherten, vernachlässigten Garten umgestalten und den Boden vorher mit Herbiziden unkrautfrei machen möchten, dann lesen Sie sich die Packungsangaben sehr genau durch, bevor Sie sich für ein Produkt entscheiden; befolgen Sie exakt die Hinweise. Es gibt aber für verantwortungsvolle Gärtner eine Möglichkeit, ganz auf Chemikalien zu verzichten: Decken Sie den Boden für mehrere Monate mit einer lichtundurchlässigen Folie ab.

Für kleinere Flächen bietet der Handel Herbizide in Sprühdosen an – eine schnelle und bequeme Lösung. Verwenden Sie diese Mittel nie bei windigem Wetter, damit nicht andere Pflanzen betroffen werden.

◄ ***Wenn Sie im Frühling ein wenig Arbeit investieren, um neuen Mulch auszubreiten, sparen Sie sich später im Jahr stundenlanges Unkrautjäten.***

So dämmen Sie Unkraut ein

- Breiten Sie jeden Frühling eine Mulchschicht auf den Beeten aus, um die Keimung von Unkräutern zu verhindern. Jedes dennoch erscheinende Unkraut kann leicht ausgezupft werden. Mit Mulch verbessern Sie die Struktur und Feuchte des Bodens.
- Breiten Sie unter dem Mulch, wo immer es möglich ist, eine Folie aus.
- Setzen Sie die Pflanzen dicht zusammen, damit Unkräuter keinen Platz finden.
- Graben Sie den Boden nicht um, da dies neue Unkrautsamen nach oben befördert. Leichtes Lockern und neuer Mulch im Frühling reichen völlig aus.
- Entfernen Sie sofort jedes auskeimende Unkraut, vor allem zwischen Blütenstauden.
- Entfernen Sie die Wurzeln mehrjähriger Unkräuter rasch und möglichst gründlich. Aus dem kleinsten Wurzelstück wachsen neue Brennnesseln, Winden oder Giersch.
- Reißen Sie einjährige Unkräuter aus, bevor sie Samen ansetzen.

▲ ***Kies ist ein sehr wirkungsvoller Mulch, wenn er über einer Folie aufgeschichtet wird. Halb durchlässige Folien lassen Wasser durch, verhindern aber das Auskeimen von Unkräutern.***

So bleibt Ihr Rasen schön

Wenn Sie eine Rasenfläche als nützlich und attraktiv für Ihren Garten einschätzen, müssen Sie sie regelmäßig pflegen, damit sie gesund und wüchsig bleibt. Es gibt allerdings einige Möglichkeiten, den Zeitaufwand für die Rasenpflege möglichst klein zu halten.

▲ ***Trittsteine werden etwas tiefer als die Rasenfläche gesetzt, damit man den Rasenmäher darüber führen kann.***

Goldene Regeln für einen pflegeleichten Rasen

- Stauden dürfen nicht aus den Beeten über den Rasen wachsen, sonst wird das Mähen unmöglich und schließlich entstehen nackte Stellen im Gras.
- Halten Sie die Form der Rasenfläche einfach, um den Aufwand für das Mähen gering zu halten. Komplizierte Ecken und ins Gras gesetzte kleine Blumenbeete erfordern viel Zeit.
- Legen Sie eine feste Rasenkante an (s.u.).
- Verzichten Sie auf Rasen im Schatten. Da das Gras dort nicht gut wachsen wird, vermeiden Sie den aussichtslosen Kampf und legen Sie dort eine andere Oberfläche an.

Sparen Sie Zeit

- Entfernen Sie Bänke, Kübel, Bäume, Inselbeete oder Vogeltränken von der Rasenfläche, um die Sie herummähen müssten.
- Glätten Sie scharfe Ecken oder komplizierte Kurven – mit sanften Schwüngen reduzieren Sie die erforderliche Mähzeit.
- Entfernen Sie tiefe Äste von Bäumen, unter denen Sie gebückt mähen müssten.
- Verzichten Sie auf schmale Grasstreifen. Ist die Fläche schmaler als 1 m, wird das Gras zu stark belastet; es entstehen kahle Stellen, die neu gesät werden müssen.
- Legen Sie Wege oder Zugänge aus Platten an oder versenken Sie Trittsteine im Rasen.
- Pflanzen Sie keine Zwiebeln in den Rasen – außer in wild bleibenden, nicht gemähten Zonen –, denn man darf die Blätter der Zwiebelpflanzen frühestens sechs Wochen nach der Blüte abschneiden.

Feste Rasenkante

Mit einer festen Rasenkante stabilisieren Sie die Form des Rasens und sparen sich die mühselige und völlig unnötige Arbeit des Kantenscheidens. Legen Sie die Rasenkante etwas tiefer als die Rasenoberfläche an, damit Sie den Rasenmäher darüber führen können. Versuchen Sie das Material der Rasenkante in den Garten einzupassen, etwa mit demselben Material, das Sie bei der Terrasse oder anderen festen Oberflächen verwendet haben. Ist die Kante breit genug, dürfen ruhig einige Beetpflanzen darüber wachsen, um einen üppigen Eindruck zu erzeugen, ohne den Rasen zu ruinieren.

Rasenpflege leicht gemacht

- Mähen: Mäht man den Rasen regelmäßig, wird er nicht nur trittfester, sondern auch dichter und unterdrückt Unkräuter.
- Herbstlaub entfernen: Recht man das Laub sofort ab, trocknet der Rasen nicht aus und es bilden sich keine kahlen Stellen.
- Bewässern: Trockenheit wird eine Rasenfläche nur selten zum Absterben bringen. Vielleicht wird das Gras braun und unansehnlich, doch der nächste Regenschauer wird es wieder ergrünen lassen. Wenn Sie Ihren Rasen im Sommer bewässern wollen, sollten Sie dies sehr gründlich tun, damit sich tief reichende Wurzeln bilden. Bei geringen Wassermengen bleiben die Graswurzeln flach und werden noch anfälliger gegen Trockenheit. Die einzige arbeitssparende Methode ist ein automatischer Rasensprenger.
- Düngen: Jeden Frühling, wenn das Gras wieder zu wachsen beginnt, muss es gedüngt werden. Düngerkörnchen oder -pulver lässt sich einfach verteilen oder kann mit speziellen Düngerwagen ausgebracht werden. Bei Unkraut im Rasen empfiehlt sich notfalls eine Kombination aus Dünger und Herbizid.

▶ ***Dieser Ziegelsteinweg dient gleichzeitig als Rasenkante – das lästige Kantenschneiden entfällt.***

Pflegekalender Rasen

Frühling

Beginnen Sie mit dem Mähen, wenn der Boden etwas trockener ist und das Gras zu wachsen beginnt.

Mähen Sie zunächst einige Male mit einer Schnitthöhe von etwa 4–5 cm.

Mähen Sie je nach Wachstum das Gras einmal pro Woche oder alle zwei Wochen.

Düngen Sie den Rasen in der Mitte oder gegen Ende des Frühlings.

Sommer

Wenn das Gras gut wächst, wird es einmal wöchentlich gemäht.

Schneiden Sie es auf eine Höhe von rund 2,5 cm, damit es sich seitlich ausbreitet und die Rasenfläche dichter wird.

Bei trockenem Wetter wird das Gras alle zwei Wochen in einer Höhe von 4 cm geschnitten.

Herbst

Bis zur Herbstmitte, wenn das Gras sein Wachstum einstellt, wird es alle zwei Wochen gemäht.

Rechen Sie herabgefallenes Laub vom Rasen.

Winter

Eine spezielle Rasenpflege ist nicht erforderlich; dennoch können Sie von Zeit zu Zeit mähen, wenn das Wetter nicht zu feucht oder frostig ist und Sie den Rasen gerne ordentlich haben.

Auslichten

▲ ***Durch einen Rückschnitt im Frühling halten Sie immergrüne Sträucher wie die Kamelien klein. Führen Sie die Schnitte genau oberhalb eines Blattes.***

Wahrscheinlich gehört das Auslichten zu den Arbeiten, die unerfahrene Gärtner am meisten fürchten. Dazu besteht kein Anlass, und wenn Sie sich für pflegeleichte Pflanzen entscheiden (siehe S. 140–145), bleibt das Auslichten ohnehin auf ein Minimum beschränkt.

Warum auslichten?

Es gibt drei wichtige Gründe für das Auslichten von Gehölzen:

- um die Größe eines wuchernden Strauches oder Baumes zu reduzieren,
- um eine Pflanze gesund zu halten – durch das Entfernen toter oder kranker Zweige,
- um Blüte und Fruchtansatz zu fördern.

Die meisten Sträucher reagieren positiv auf das jährliche Auslichten, das man gewöhnlich bald nach der Blüte ausführt. In der Mehrzahl der Fälle kommt man allerdings auch ohne den Schnitt aus. Meist erzeugen die Gehölze dann weniger oder kleinere Blüten, doch dürfte das nur wenige Gärtner ärgern. Einige Sträucher wachsen jedoch ohne den jährlichen Schnitt schütter und blühen seltener – was nur für wenige der hier genannten Pflanzen gilt, da sie diese Eigenschaft als „nicht pflegeleicht" ausweist und deshalb eigentlich disqualifiziert. Andererseits hätte man dann auch auf den wunderbaren Schmetterlingsstrauch (*Buddleja davidii*) verzichten müssen, der zwar rigoros beschnitten werden muss, ansonsten aber ein äußerst pflegeleichter Strauch ist.

Auslichten ohne Schwierigkeiten

Ein Gehölz auszulichten ist keine Kunst.

- Verwenden Sie für kleine Sträucher scharfe Gartenscheren; gut geschärfte Scheren erleichtern die Arbeit. Kaufen Sie die beste Qualität, die Sie sich leisten können: Da die Scheren bequemer sind und länger halten, lohnt langfristig die Mehrausgabe.
- Für hohe Gehölze und dickere Zweige brauchen Sie Astscheren mit langen Griffen. Modelle mit zusätzlicher Hebelwirkung sind sehr leichtgängig.
- Machen Sie saubere Schnitte und glätten Sie unsaubere Ränder mit einem scharfen Messer, damit keine Krankheiten Fuß fassen können.
- Kleine Bäume werden mit einer Säge ausgelichtet, wobei der Schnitt so eng wie möglich am Stamm liegen sollte. Führen Sie den ersten Schnitt von unten (etwa ein Drittel der Dicke), dann von oben und glätten Sie anschließend die Schnittfläche.

Wann wird ausgelichtet?

Die meisten Gehölze werden kurz nach der Blüte geschnitten, da jeder Zweig nur einmal blüht. Durch den Schnitt wird neues Wachstum angeregt, die Zweige können ein Jahr lang wachsen und im nächsten Jahr Blüten bilden.

Ausnahmen sind Sträucher, die von Sommer bis Frühherbst blühen wie der Schmetterlingsstrauch (*Buddleja davidii*). Würde man sie direkt nach der Blüte beschneiden, würde man die Jungtriebe dem Winterfrost aussetzen; sie werden deshalb erst im Frühling beschnitten. Wenn Sie unsicher sind, unterlassen Sie das Auslichten ganz.

▶ **Viburnum tinus *wird nach der Blüte im Frühling ausgelichtet. So behält er seine Form und bildet dichtere Zweige, auf denen im nächsten Frühling Blüten stehen.***

Auslichten auf einen Blick

Pflanzenform	Wann auslichten?	Wie auslichten?
Laub abwerfende Sträucher, die vor dem Spätfrühling blühen	Direkt nach der Blüte	Blütenzweige einkürzen; alle schwachen oder zu dichten Triebe entfernen
Laub abwerfende Sträucher, die nach dem Spätfrühling blühen	Im Spätwinter oder Vorfrühling	Einige der Triebe bis zum Boden zurückschneiden; tote, schwache oder zu dichte Zweige entfernen
Immergrüne Sträucher	Im Spätfrühling falls erforderlich	Schwache oder zu dichte Zweige entfernen

Schädlinge und Krankheiten

Auch wenn Ihr Garten noch so ordentlich und die Pflanzen gesund sind, werden auch Sie sich von Zeit zu Zeit mit Schädlingen und Krankheiten beschäftigen müssen. Gehen Sie jedes Problem sofort an, bevor es außer Kontrolle gerät.

Wenn Sie sich an die hier genannten pflegeleichten Pflanzen halten und nicht zu viel Gemüse pflanzen, dürften nur mit viel Pech mehr als ein paar der üblichen Schädlinge und Krankheiten Ihre Pflanzen befallen. Die folgenden Probleme müssen behandelt werden; andere können zwar Blüten und Blättern schaden, sind aber keine echte Bedrohung für die Pflanzen.

◄ ***Entfernen Sie von Rost befallene Blätter.***

Wichtige Schädlinge: Erkennen leicht gemacht

Schädlinge	Symptome	Abhilfe
Blattläuse	Kolonien winziger grüner, schwarzer oder rötlicher, selten andersfarbiger Insekten saugen Saft aus den Stängeln, verursachen Störungen und gehemmtes Wachstum.	Entfernen Sie die Insekten mit der Hand, verwenden Sie Seifenlauge oder ein selektives Insektizid (Fachhandel). Fördern Sie die natürlichen Feinde (Blaumeisen, Marienkäfer, Schwebfliegen) in Ihrem Garten.
Schildläuse	Kleine, unbewegliche braune oder gelbliche Insekten (wie winzige Blasen auf Stängeln und Blattunterseiten) saugen Saft und schwächen das Wachstum.	Wenn möglich, mit einem feuchten Tuch entfernen oder mit einem selektiven Insektizid (Fachhandel) sprühen. Empfindliche Pflanzen werden mit einem Leimring bestrichen, damit die Larven nicht die Stängel hochwandern können; in Gewächshäusern hilft eine parasitische Wespe (*Metaphycus helvolus*).
Ohrwürmer (nur bei Massenauftreten)	Junge Blätter und Blüten werden nachts verspeist.	Fangen Sie die Ohrwürmer in umgekehrten, mit Stroh gefüllten Blumentöpfen, die Sie unter gefährdeten Pflanzen auf Bambusstäben in die Erde stecken; jeden Morgen absammeln.
Schnecken	Über Nacht werden Blätter, manchmal auch ganze Pflanzen kahl gefressen; häufig sind Schleimspuren sichtbar.	Becher mit Bier oder umgedrehte Apfelsinenschalen ziehen Schnecken an; sie werden jeden Morgen eingesammelt. Der Fachhandel bietet Schneckenkorn an, das anderen Tieren nicht schadet und auch um essbare Pflanzen gestreut werden darf. Ein Schneckenschädling, der Nematode *Phasmarhabdites hermaphrodita* (Fachhandel), kann mit dem Gießwasser verbreitet werden.
Rüsselkäfer	Blätter mit U-förmigen Fraßspuren am Rand (erwachsene Käfer); oder die ganze Pflanze stirbt ab, weil die Larven die Wurzeln annagen.	Sichern Sie Kübel mit Leimringen oder gießen Sie mit dem Nematoden *Heterorhabditis megidis* (Fachhandel) im Spätsommer oder Herbst.

Wichtige Pflanzenkrankheiten: Erkennen leicht gemacht

Krankheit	Symptome	Abhilfe
Grauschimmel (*Botrytis*)	Vor allem bei feuchtem Wetter erscheinen lockere, graue Schimmelrasen auf Stängeln, Blättern und Blüten.	Befallene Triebe im Herbst abschneiden und verbrennen. Erkundigen Sie sich im Fachhandel nach geeigneten Mitteln; vermeiden Sie schlechte Drainage, reichliches Gießen und zu dichten Wuchs.
Mosaikvirus	Gelbe Blätter, verdrehte Stängel und missgebildete Blüten.	Alle befallenen Pflanzen entfernen und sofort verbrennen, damit sich die Krankheit nicht ausbreitet.
Echter Mehltau	Weißer, pulveriger Überzug auf Blättern, Stängeln und Blüten; häufig bei heißem, trockenem Wetter.	Halten Sie die Pflanzen feucht und gemulcht. Schneiden Sie im Herbst die betroffenen Triebe ab. Erkundigen Sie sich notfalls im Fachhandel nach einem geeigneten Fungizid.
Rost	Braune oder orange Pusteln auf den Blattunterseiten.	Entfernen Sie die betroffenen Blätter und düngen Sie mit Pottasche. Sollten Rosen betroffen sein, sprühen Sie mit einem systemischen Fungizid (Fachhandel).
Bleiglanz	Blätter von Bäumen und Sträuchern (vor allem *Prunus*-Arten) verfärben sich silbrig und dann braun; die Zweige sterben ab.	Entfernen und verbrennen Sie alle betroffenen Äste; zurückschneiden, bis im Anschnitt keine braune Verfärbung mehr sichtbar ist. Stark geschädigte Pflanzen werden vollständig entfernt.
Rußtau	Schwarzer oder dunkelbrauner Schimmelrasen wächst auf dem Honigtau (von Läusen ausgeschieden) von Blättern.	Waschen Sie den Pilz ab, wenn er Sie stört; bekämpfen Sie die Honigtau bildenden Insekten notfalls mit einem Insektizid (Fachhandel).

Probleme vermeiden

Es gehört zu den wichtigsten Regeln eines pflegeleichten Gartens, Probleme zu vermeiden. Befolgen Sie folgende Vorschläge, damit Sie von zeitaufwändigen und schwierigen Arbeiten verschont bleiben:

- Kaufen Sie problemlose Pflanzen (siehe S. 140–147).
- Gehen Sie jedes Problem sofort an.
- Halten Sie den Garten ordentlich und lassen Sie weder Pflanzenreste noch Blumentöpfe oder -kübel liegen, in denen sich Schädlinge und Krankheiten einnisten könnten.
- Sorgen Sie durch regelmäßiges Gießen und Düngen für gesunde und widerstandsfähige Pflanzen.
- Stirbt eine Pflanze ab, untersuchen Sie die Überreste und den Boden nach möglichen Gefahren für andere Pflanzen.
- Locken Sie Vögel mit Futter und Wasser in Ihren Garten. Sie halten Insekten in Schach.

Immer mit der Ruhe

Versuchen Sie nicht alles zu töten, was Sie sehen; die meisten Garteninsekten sind Nützlinge, die von Schädlingen leben.

Versuchen Sie es zunächst ohne Chemie, bevor Sie zu einem Spritzmittel greifen. So lassen sich Blattläuse mit einem Gartenschlauch oder Seifenlauge entfernen, Schnecken in Bierfallen oder mit Apfelsinenschalen fangen. Außerdem bietet der Handel zunehmend organische Produkte an. Verwenden Sie ein- bis zweimal pro Jahr mit nützlichen Nematoden versetztes Gießwasser. Das ist nicht schwierig und kostet kaum Zeit.

Verwenden Sie Chemikalien nur im Notfall und halten Sie sich an die Packungsangaben (Verdünnung, Einsatzhäufigkeiten, Sicherheit). Der Handel bietet eine unüberschaubare Vielfalt an Pestiziden und Fungiziden mit verschiedensten Inhaltsstoffen und Wirkungen an. Lesen Sie sich die Packungsangaben bereits vor dem Kauf durch und prüfen Sie sowohl die Gefahren für Kinder und Haustiere als auch die Wartezeit für die Ernte von Obst, Gemüse und Kräutern. Fragen Sie im Zweifelsfall den Händler.

Einfach vermehren

Besonders einfach kommt man über Familie und Freunde an neue Pflanzen. Gleich danach rangieren Gartencenter oder die Gartenabteilungen großer Heimwerkermärkte, die einen schnellen und bequemen Kauf erlauben. Obwohl die wenigsten über die Zeit, das Wissen oder die Lust verfügen, Ihre Pflanzen aus Samen oder Stecklingen selbst aufzuziehen, gibt es doch einige einfache Methoden, um preiswert an neue Pflanzen zu kommen.

▲ *Wenn Ihre Einjährigen früh im Jahr blühen sollen, müssen Sie die Samen in Schalen im Haus ausstreuen statt abzuwarten bis es draußen warm genug ist.*

Säen

Man kann die meisten Gartenpflanzen aussäen, doch besonders einfach geht dies mit robusten einjährigen Sommerblumen, die man gleich an Ort und Stelle aussät. Dazu gehören Kornblume (*Centaurea cyanus*), Jungfer im Grünen (*Nigella damascena*), Ringelblume (*Calendula officinalis*), Goldmohn (*Eschscholzia californica*) oder Kapuzinerkresse (*Tropaeolum majus*). Mit ihnen können Sie Lücken im Beet schließen, wenn Sie den Samen im Spätfrühling ausstreuen und einfach abwarten:

1 Rechen Sie den Boden im Spätfrühling zu einer glatten, feinkrümeligen Oberfläche. Ziehen Sie mit einer Pflanzschaufel flache, 20 cm voneinander entfernte Rillen.

2 Streuen Sie den Samen dünn in die Rillen und decken Sie eine dünne Erdschicht darüber. Das Aussäen in Reihen erleichtert Ihnen später zu erkennen, was Unkraut und was Blume ist.

3 Gießen Sie gründlich und halten Sie die Erde feucht, bis die Samen auskeimen. Sollten die Keimlinge zu dicht stehen, ziehen Sie einige heraus, damit die übrigen Pflanzen mehr Platz haben.

Stauden teilen

Die meisten mehrjährigen Pflanzen kann man durch einfaches Teilen vermehren und neu einpflanzen. Jede Teilpflanze wächst wieder kräftig aus und bildet ein dichtes Wurzelwerk. Auf diese Weise erhalten Sie nicht nur viele neue Pflanzen, sondern beim Teilen werden alte, schwach wachsende Wurzelstücke entfernt und die jungen können sich erneut ausbreiten.

Sie können Stauden vom Spätherbst bis in den Frühling hinein teilen. Am besten ist der Frühling geeignet, weil Sie dann bereits die neuen Sprosse erkennen können. Gehen Sie folgendermaßen vor:

1 Graben Sie die Staude aus und entfernen Sie möglichst viel Erde von den Wurzeln.

2 Teilen Sie den Wurzelstock, wobei Sie den mittleren, toten oder schwach wachsenden Teil verwerfen sollten. Je nach Pflanze können Sie sie mit der Hand oder einem scharfen Messer teilen. Sehr große Wurzelstöcke werden mit einem Spatenstich oder zwei Grabegabeln geteilt, die Sie Rücken an Rücken einstechen und die Stiele hebelartig voneinander wegbewegen.

3 Achten Sie darauf, dass jede Teilpflanze Wurzeln und Sprosse besitzt. Bereiten Sie die Erde vor (etwas Langzeitdünger untermischen) und setzen Sie die Stücke ein; Erde um die Wurzeln festdrücken. Gießen Sie gründlich und halten Sie die Erde feucht, bis sich die Pflanzen etabliert haben.

▶ **Polyanthus-*Hybriden lassen sich einfach teilen, da ihr Wurzelwerk einzelne Triebe bildet, die man nur auseinander zu ziehen braucht.***

Absenker

Sträucher über Absenker zu vermehren, ist eine besonders einfache Methode – ohne Stecklinge zu schneiden und sie kultivieren zu müssen. Allerdings funktioniert sie nur bei Sträuchern mit biegsamen Zweigen, die bis zum Boden reichen.

1 Biegen Sie einen Zweig herab und markieren Sie die Stelle, wo er den Boden berührt.

2 Graben Sie an dieser Stelle eine flache Grube und füllen Sie mit grobem Sand gemischte Blumenerde ein.

3 Schneiden Sie die Unterseite des Zweiges ein (etwa ein Drittel seiner Dicke) und drehen Sie ihn etwas, damit sich die Schnittstelle öffnet; Vorsicht, der Zweig darf nicht abreißen!

4 Legen Sie die Wunde auf die Blumenerde, häufeln Sie weitere Erde darauf und halten Sie alles mit einem schweren Stein zusammen.

5 Nach etwa 6–9 Monaten sollten sich Wurzeln an der Schnittstelle gebildet haben. Nun schneiden Sie den Zweig ab und pflanzen ihn ein. Halten Sie ihn feucht, bis sich der neue Strauch etabliert hat.

Pflanzen auf einen Blick

Damit ein Garten wirklich pflegeleicht bleibt, sollten Sie sich für Pflanzen entscheiden, die man sich selbst überlassen kann und die Ihnen die schwerste Arbeit abnehmen. Hier und auf den folgenden Seiten finden Sie die Arten, die in den Pflanzbeispielen dieses Buches vorgestellt wurden. Sie sind unkompliziert und überall leicht erhältlich; sie sind robust, verlässlich und brauchen wenig oder gar nicht ausgelichtet bzw. zurückgeschnitten zu werden.

Die Pflanzen sind in Gruppen eingeteilt: Bäume, Kletterpflanzen Sträucher, Stauden und winterharte Einjährige, Blattpflanzen sowie Zwiebel- und Knollenpflanzen. Angegeben sind Ihre voraussichtliche Höhe und Breite, sofern sie im besten Boden und unter optimalen Bedingungen wachsen.

Bäume

	Höhe / Breite	Merkmale	Pflege
Betula utilis* var. *jaquemontii (Himalaya-Birke)	18 × 10 m	Laub abwerfend, prächtige, weiße Rinde und zierliches Laub	Sonne/Halbschatten, feuchter/normaler Boden; ggf. auslichten im Sommer
***Crataegus laevigata* 'Paul's Scarlet'** (Weißdorn)	8 × 8 m	Laub abwerfend, viele rosa Blüten im Frühling, rote Beeren	Sonne/Halbschatten, feuchter/normaler/trockener Boden; ggf. nach der Blüte auslichten, bei Hecken nach dem Laubfall
***Ilex* × *altaclarensis* 'Golden King'** (Stechpalme)	6 × 6 m	Immergrün, glatte Blätter mit gelbem Rand, rote Beeren, gut für Hecken	Sonne/Halbschatten, feuchter/normaler Boden; ggf. im Winter oder Hochsommer auslichten
***Juniperus communis* 'Compressa'** (Wacholder)	80 × 45 cm	Immergrün; hübsch, langsam wachsend, säulenförmiger Nadelbaum	Sonne/Halbschatten, normaler/trockener Boden; ggf. im Frühling oder Herbst auslichten
***Malus* × *zumi* 'Golden Hornet'** (Zierapfel)	10 × 8 m	Laub abwerfend, weiße Blüten im Frühling, goldgelbe Äpfelchen	Sonne/Halbschatten, feuchter/normaler Boden; tote und kranke Zweige im Winter abschneiden
Prunus serrula (Japanische Blütenkirsche)	10 × 10 m	Laub abwerfend, glänzende, kupferfarbene Rinde, weiße Blüten im Frühling, Kirschen	Sonne, feuchter/normaler Boden; ggf. Rückschnitt im Hochsommer
***Salix caprea* 'Kilmarnock'** (Salweide)	1,50 × 2 m	Laub abwerfend, attraktive Trauerform, Kätzchen im Frühling	Sonne, feuchter/normaler Boden; ggf. im Spätwinter bis Vorfrühling in Form schneiden
***Sorbus aria* 'Lutescens'** (Mehlbeere)	10 × 8 m	Laub abwerfend, silberne Blätter, weiße Blüten im Frühling, rote Beeren	Sonne/Halbschatten, normaler/trockener Boden; kein Schnitt

Kletterpflanzen

	Höhe	Eigenschaften	Pflege
***Clematis montana* var. *rubens* 'Tetrarose'** (Waldrebe)	5–8 m	Laub abwerfend, purpurgrüne Blätter, rosa Blüten im Frühling	Sonne/Halbschatten, normaler Boden; Wurzeln im Schatten; Auslichten nach der Blüte
Hedera helix (Efeu)	unterschiedlich	Immergrün, viele dekorative Blattformen, -farben und panaschiert; guter Bodendecker	Sonne/Halbschatten, feuchter/normaler/trockener Boden (auch arme Böden); Rückschnitt im Frühling; ggf. Ausläufer ausreißen
***Humulus lupulus* 'Aureus'** (Hopfen)	6 m	Laub abwerfend, goldgelbe Blätter, Dolden im Sommer	Sonne/Halbschatten, feuchter/normaler Boden; tote Zweige im Herbst bis Vorfrühling entfernen
Lonicera periclymenum (Geißblatt)	7 m	Laub abwerfend; weiße oder gelbe, duftende Blüten im Sommer, rote Beeren	Sonne/Halbschatten, feuchter/normaler Boden; schütteren Wuchs von Herbst bis Winter zurückschneiden
Parthenocissus quinquefolia (Wilder Wein)	15 m	Laub abwerfend; attraktives, rotes Herbstlaub; gut zur Wandbegrünung	Sonne/Halbschatten/Schatten, normaler/trockener Boden; unerwünschte Triebe im Sommer entfernen

◄▲ **Crataegus laevigata** ***'Rosea Flore Pleno' (Weißdorn) bildet im Frühling überreiche Blütenpracht, gefolgt von roten Beeren.***
▲ **Humulus lupulus** ***'Aureus' ist eine windende Kletterpflanze mit attraktiven, goldgelben Blättern sowie grünlich-gelben Hopfendolden im Herbst.***
► **Clematis montana** ***var.*** **rubens** ***wächst zu einer großen Pflanze heran, die im Spätfrühling völlig von Blüten bedeckt ist.***

Laub abwerfende Sträucher

	Höhe / Breite	Eigenschaften	Pflege
Berberis thunbergii (Sauerdorn)	1,50 × 2 m	Farbiges Herbstlaub und kleine rote Beeren	Sonne, feuchter/normaler Boden; ggf. im Spätwinter auslichten
Buddleja davidii (Schmetterlingsstrauch)	3 × 5 m	Dicht stehende purpurne Blüten im Sommer, lockt Schmetterlinge an	Sonne, normaler/trockener Boden; im Frühling alle Triebe bis 30 cm über den Boden zurückschneiden
Chaenomeles superba (Zierquitte)	1,50 × 2 m	Exotische Blüten von Frühling bis Sommer, grüne Früchte	Sonne/Halbschatten, normaler/trockener Boden; ggf. Rückschnitt nach der Blüte
Cotinus coggyria (Perückenstrauch)	5 × 5 m	Purpurne oder weinrote Blätter	Sonne/Halbschatten, feuchter/normaler Boden; starker Rückschnitt im Vorfrühling erzeugt große, gut gefärbte Blätter
Cotoneaster horizontalis (Fächermispel)	1 × 1,50 m	Triebe im Fischgrätmuster; weiße Blüten, rote Beeren	Sonne/Halbschatten, normaler/trockener Boden; ggf. im Winter auslichten
Genista lydia (Ginster)	60 × 100 cm	Zahlreiche gelbe Blüten im Frühsommer, bogig überhängende Triebe	Sonne, normaler/trockener Boden; Auslichten im Spätwinter, ohne ins alte Holz zu schneiden
Hamamelis x intermedia (Zaubernuss)	4 × 4 m	Duftende gelbe oder orange Blüten im Winter, Herbstfärbung	Sonne/Halbschatten, feuchter/normaler Boden; tote und beschädigte Zweige von Spätwinter bis Frühling entfernen
Hydrangea macrophylla (Hortensie)	2 × 2,50 m	Große Blütenstände im Sommer, weiß, rosa oder blau	Sonne/Halbschatten/Schatten, feuchter/trockener Boden; Verblühtes entfernen; Auslichten im Vorfrühling
Jasminum nudiflorum (Winterjasmin)	3 × 3 m	Gelbe Blüten im Winter	Sonne/Halbschatten, normaler Boden; Blütentriebe nach der Blüte zurückschneiden
***Lavatera* 'Barnsley'** (Malve)	2 × 2 m	Große hellrosa Blüten im Sommer; halbimmergrün	Sonne/Halbschatten, normaler/trockener Boden; im Vorfrühling alle Triebe bis auf 30 cm zurückschneiden
Potentilla fruticosa (Fingerstrauch)	1,20 × 1,20 m	Rote, rosa, gelbe oder weiße Blüten von Spätfrühling bis Herbst	Sonne, normaler/trockener Boden; ggf. auslichten nach der Blüte
Ribes sanguineum (Zierjohannisbeere)	2 × 2 m	Dicht stehende rosa Blüten im Frühling; gut für Hecken	Sonne/Halbschatten, normaler/trockener Boden; Auslichten nach der Blüte
Rosa rugosa (Kartoffelrose)	2 × 2 m	Große rosa Blüten von Sommer bis Herbst, rote Hagebutten; gut für Hecken	Sonne/Halbschatten, feuchter/normaler Boden; im Frühling auslichten
***Spiraea japonica* 'Shirobana'** (Spierstrauch)	60 × 60 cm	Dunkelrosa und weiße Blüten im Sommer	Sonne, feuchter/normaler Boden; im Vorfrühling stark zurückschneiden
***Viburnum plicatum* 'Mariesii'** (Schneeball)	3 × 4 m	Zweige in Etagen; weiße Blüten im Frühling, Herbstlaub	Sonne/Halbschatten, feuchter/normaler Boden; altes Holz im Vorfrühling ausschneiden

Immergrüne Sträucher

	Höhe / Breite	Eigenschaften	Pflege
***Aucuba japonica* 'Crotonifolia'** (Aukube)	3 × 3 m	Glänzende, gelb gefleckte Blätter; rote Beeren im Herbst	Sonne/Halbschatten/Schatten, feuchter/normaler/trockener Boden, auch arme Böden; ganz grüne Triebe entfernen
Berberisstenophylla (Sauerdorn)	3 × 5 m	Orange-gelbe Blüten im Frühling; gut für Hecken	Sonne/Halbschatten, normaler/trockener Boden; Hecken nach der Blüte beschneiden
Choisya ternata (Orangenblume)	2,50 × 2,50 m	Glänzende Blätter; duftende weiße Blüten im Frühling bis Sommer	Sonne, normaler/trockener Boden; vor kalten Winden schützen; kein Auslichten
***Elaeagnus pungens* 'Maculata'** (Ölweide)	4 × 5 m	Glänzend grüne Blätter mit gelbem Zentrum; rote Beeren; gut für Hecken	Sonne/Halbschatten, normaler/trockener Boden; ganz grüne Triebe entfernen
Erica carnea (Schneeheide)	25 × 60 cm	Purpurne oder rosa Blüten von Winter bis Frühling	Sonne/Halbschatten, normaler Boden; nach der Blüte in Form schneiden
***Euonymus fortunei* 'Emerald'n' Gold'** (Spindelstrauch)	60 × 100 cm	Glänzend grüne und gelbe Blätter; im Winter rosa überlaufen	Sonne/Halbschatten, normaler/trockener Boden, auch arme Böden; ganz grüne Triebe entfernen; ggf. in Frühlingsmitte auslichten
Fatsia japonica (Zimmeraralie)	3 × 3 m	Große, glänzende, handförmige Blätter; weiße Blüten im Herbst, schwarze Früchte; markante Form	Sonne/Halbschatten/Schatten, feuchter/normaler Boden; kein Auslichten erforderlich, Winterschutz
Hypericum calycinum (Johanniskraut)	60 cm × beliebig	Teilweise halb-immergrün; große, gelbe Blüten im Sommer bis Herbst; guter Bodendecker	Sonne/Halbschatten/Schatten, feuchter/normaler Boden, auch arme Böden; Rückschnitt im Vorfrühling
***Lavandula angustifolia* 'Hidcote'** (Lavendel)	60 × 75 cm	Silbernes Laub, purpurblaue Blüten im Sommer	Sonne, normaler/trockener Boden; Verblühtes abschneiden; glatt schneiden im Frühling
Mahonia japonica (Mahonie)	2 × 3 m	Duftende gelbe Blüten im Herbst bis Frühling, markante Form	Halbschatten/Schatten, feuchter/normaler Boden; ggf. Mitte Frühling auslichten
Santolina chamaecyparissus (Heiligenkraut)	50 × 100 cm	Weiches, silbriges Laub, gelbe Blütenköpfchen im Sommer	Sonne/Halbschatten, feuchter/normaler Boden; nach der Blüte in Form schneiden; im Frühling stark zurückschneiden
***Vinca major* 'Variegata'**	45 cm × beliebig	Glänzende Blätter mit hellem Rand, violettblaue Blüten von Frühling bis Herbst; guter Bodendecker	Sonne/Halbschatten, feuchter/normaler/trockener Boden, auch arme Böden; wuchernde Triebe im Sommer zurückschneiden

Blühende Stauden und Einjährige

I = Immergrüne **S** = Staude **E** = Einjährige

Stauden können nach der Blüte beschnitten werden oder dürfen bis zum nächsten Frühling stehen bleiben (siehe S. 124–125).

	Höhe / Breite	Eigenschaften	Pflege
Acanthus spinosus (Akanthus) **S**	1,50 × 1 m	Glänzende, stachelige Blätter; hohe Blütenähren, purpurn und weiß im Sommer; markant	Sonne/Halbschatten/Schatten; feuchter/normaler Boden
***Achillea* 'Moonshine'** (Schafgarbe) **S**	60 × 60 cm	Flache gelbe Blütenköpfchen von Sommer bis Herbst	Sonne/Halbschatten, feuchter/normaler/trockener Boden
***Ajuga reptans* 'Burgundy Glow'** (Kriechender Günsel) **I S**	15 × 100 cm	Purpurne Blätter, blaue Blütenstände von Frühling bis Sommer	Halbschatten/Schatten, feuchter/normaler/trockener Boden
Alchemilla mollis (Frauenmantel) **S**	60 × 75 cm	Gelbgrüne Blüten im Sommer; Polster aus hübschen graugrünen Blättern	Sonne/Halbschatten/Schatten, feuchter/normaler/trockener Boden; Verblühtes entfernen
Anthemis punctata* ssp. *cupaniana (Hundskamille) **S**	30 × 100 cm	Kissen silbernen Laubes; weiße Blütenstände im Sommer	Sonne, normaler/trockener Boden
***Astilbe* Arten und Sorten** (Prachtspiere) **S**	60–90 × 30–60 cm	Hübsche farnartige Blätter; fedrige rote, rosa oder weiße Blüten im Sommer	Sonne/Halbschatten, feuchter/normaler Boden
***Astrantia major* 'Sunningdale Variegated'** (Sterndolde) **S**	60 × 45 cm	Hügel aus cremeweißen und grünen Blättern; hohe rosa Blütenstände im Sommer	Sonne/Halbschatten, feuchter/normaler/trockener Boden
***Bergenia cordifolia* 'Purpurea'** (Bergenie) **I S**	60 × 75 cm	Runde, rot überlaufene Blätter; tiefrosa Blüten von Winter bis Frühling; guter Bodendecker	Sonne/Halbschatten/Schatten, feuchter/normaler/trockener Boden
Brunnera macrophylla (Kaukasus-Vergissmeinnicht) **S**	45 × 60 cm	Lebhaft blaue Blüten im Frühling; guter Bodendecker	Halbschatten/Schatten, feuchter/normaler/trockener Boden
Calendula officinalis (Ringelblume) **E**	45 × 30 cm	Große orange Blütenköpfchen im Sommer	Sonne, normaler/trockener Boden; an Ort und Stelle säen; Verblühtes entfernen
Coreopsis grandiflora (Mädchenauge) **S**	45–100 × 45 cm	Goldgelbe Blütenköpfchen im Sommer, gute Schnittblume	Sonne/Halbschatten, normaler Boden
Dicentra spectabilis (Tränendes Herz) **S**	100 × 45 cm	Zierliche Blätter; überhängende Blütenstände mit rosa-weißen Blüten im Spätfrühling	Sonne/Halbschatten/Schatten, feuchter/normaler Boden
Doronicum orientale (Gemswurz) **S**	60 × 60 cm	Hellgelbe Blütenköpfchen im zeitigen Frühling	Sonne/Halbschatten, normaler/trockener Boden
Erigeron karvinskianus (Berufkraut) **S**	30 × 60 cm	Rosa und weiße Blütenköpfchen im Sommer; gut für Wände und Spalten	Sonne/Halbschatten, normaler/trockener Boden, auch arme Böden
Eschscholzia californica (Goldmohn) **E**	30 × 30 cm	Weiche, farnartige Blätter; orange, gelbe, rote, weiße oder rosa Blüten im Sommer	Sonne, normaler/trockener Boden, auch arme Böden; an Ort und Stelle säen; Verblühtes entfernen

	Höhe / Breite	Eigenschaften	Pflege
Euphorbia polychroma (Wolfsmilch) **S**	45 × 60 cm	Schwefelgelbe Blüten, Spätfrühling bis Sommer	Sonne/Halbschatten, feuchter/normaler/trockener Boden
Geranium macrorrhizum (Balkan-Storchschnabel) **S**	50 × 60 cm	Blattpolster, rosa Blüten im Sommer; guter Bodendecker	Sonne/Halbschatten/Schatten, feuchter/normaler/trockener Boden
***Hemerocallis* Arten und Sorten** (Taglilie) **S**	45–100 × 30–100 cm	Große gelbe, rote, rosa oder orange Blüten; eindrucksvolle grasartige Blätter	Sonne/Halbschatten, feuchter/normaler Boden; alle zwei bis drei Jahre teilen
***Lamium maculatum* 'White Nancy'** (Taubnessel) **S**	15 × 100 cm	Teppich aus silbrigen Blättern, weiße Blüten im Sommer; guter Bodendecker	Halbschatten/Schatten, feuchter/normaler/trockener Boden
Nepeta x faassenii (Katzenminze) **S**	45 × 45 cm	Polster aus aromatischen graugrünen Blättern, malvenblaue Blüten im Sommer	Sonne/Halbschatten, normaler/trockener Boden
Nigella damascena (Jungfer im Grünen) **E**	45 × 15 cm	Blaue Blüten im Sommer; weiche, farnartige Blätter	Sonne, normaler/trockener Boden; an Ort und Stelle aussäen
***Pelargonium* Arten und Sorten** (Pelargonie) **S**	30–60 × 30–60 cm	Rosa, rote oder weiße Blüten im ganzen Sommer; verträgt sporadisches Gießen	Sonne, normaler/trockener Boden; nach den letzten Frösten auspflanzen
Phlox paniculata (Phlox) **S**	100–120 × 60–100 cm	Blütenstände in Weiß, Rosa oder Lila im Sommer; gibt einem Beet Höhe	Sonne/Halbschatten, feuchter/normaler Boden
***Primula* Arten und Sorten** (Primel) **S**	15–25 × 15 cm	Blattrosette; Blüten in vielen Farben im Frühling	Sonne/Halbschatten/Schatten, feuchter/normaler Boden
Pulmonaria officinalis (Lungenkraut) **S**	25 × 45 cm	Weiße oder silbern gefleckte Blätter; rosa und blaue Blüten im Frühling	Sonne/Halbschatten/Schatten, feuchter/normaler/trockener Boden
***Rudbeckia fulgida* var. *sullivantii* 'Goldsturm'** (Sonnenhut) **S**	60 × 45 cm	Goldgelbe Blütenköpfchen von Sommer bis Herbst	Sonne/Halbschatten, feuchter/normaler Boden
Saxifraga x urbium (Steinbech) **I S**	30 cm × beliebig	Teppich aus Blattrosetten; rosa-weiße Blüten im Sommer; guter Bodendecker	Halbschatten/Schatten, feuchter/normaler Boden
Sedum spectabile (Fetthenne) **S**	45 × 45 cm	Flache rosa Blütenstände im Spätsommer; fleischige graugrüne Blätter; lockt Bienen an	Sonne/Halbschatten, normaler/trockener Boden
***Solidago* Arten und Sorten** (Goldrute) **S**	60–150 × 45–60 cm	Fedrige gelbe Blütenstände in Spätsommer und Herbst	Sonne, normaler/trockener Boden; auch in armen Böden
Stachys byzantina (Wollziest) **S**	45 × 60 cm	Teppich aus pelzigen silbernen Blättern; rosa-purpurne Blüten im Sommer	Sonne, normaler/trockener Boden
***Viola* Arten und Sorten** (Veilchen) **S**	25 × 25 cm	Große, auffallende Blüten in vielen Farben; gut für schattige Kübel	Sonne/Halbschatten/Schatten, feuchter/normaler Boden

Blattpflanzen

I = Immergrüne **S** = Staude **L** = Laub abwerfend

	Höhe / Breite	Eigenschaften	Pflege
Asplenium scolopendrium (Streifenfarn) **I**	45 × 60 cm	Farn; gerade, ganzrandige, glänzende Wedel	Halbschatten/Schatten, feuchter/ normaler Boden
Briza media (Zittergras) **S**	60 × 30 cm	Gras; im Sommer hohe, lockere Blütenstände, die im Wind angenehm rascheln	Sonne/Halbschatten, normaler/ trockener Boden; im Vorfrühling tote Stängel abschneiden
***Carex elata* 'Aurea'** (Steife Segge) **S**	60 × 45 cm	Gras; bogig überhängende grüne Blätter; zierliche Blütenstände im Sommer	Sonne/Halbschatten, feuchter/ normaler Boden; im Vorfrühling tote Stängel anschneiden
***Cortaderia selloana* 'Pumila'** (Zwergpampasgras) **I**	1,50 × 1,20 m	Gras; große, weiche, weiße oder zartrosa Blütenstände im Spätsommer; riesiges Blattpolster, überhängend	Sonne, normaler/trockener Boden, im Frühling tote Blätter abschneiden
Dryopteris filix-mas (Wurmfarn) **L**	1 × 1 m	Farn; auffallend markante Wedel; im Frühling rollen die Wedel attraktiv auseinander	Halbschatten/Schatten, feuchter/ normaler/trockener Boden; im Frühling tote Wedel abschneiden
Epimedium grandiflorum (Elfenblume) **S**	20–30 × 30 cm	Weiße, gelbe oder rosa Blüten im Frühling; junge Blätter bronzefarben, dann hellgrün	Halbschatten/Schatten, feuchter/ normaler Boden; im Frühling die Winterblätter abschneiden
Festuca glauca (Blauschwingel) **I**	30 × 25 cm	Gras; spitze blaugrüne Blätter; Blütenstände im Sommer	Sonne, normaler/trockener Boden, auch auf armen Böden; im Frühling in Form schneiden
***Hakonechloa macra* 'Aureola'** (Japanwaldgras) **S**	45 × 40 cm	Gras; überhängende gelb und grün gestreifte Blätter, rote Herbstfärbung; zarte Blütenstände in Spätsommer und Herbst	Sonne/Halbschatten, feuchter/ normaler Boden; Tote Stängel im Frühling abschneiden, Winterschutz
***Heuchera micrantha* var. *diversifolia* 'Palace Purple'** (Purpurglöckchen) **I S**	45 × 45 cm	Polster aus metallisch purpurnen Blättern; rosa Blütenstände im Sommer; guter Bodendecker	Halbschatten, feuchter/normaler Boden; alle zwei bis drei Jahre im Herbst teilen
Hosta sieboldiana* var. *elegans (Funkie) **S**	60 × 60 cm	Große, gekräuselte blaugrüne Blätter; lila Blüten im Sommer; Schnecken resistenteste Funkie	Halbschatten/Schatten, feuchter/ normaler Boden; tote Stängel im Herbst oder Frühling zurückschneiden
***Imperata cylindrica* 'Rubra'** (Alang-Alang-Gras) **S**	40 × 30 cm	Gras; grüne, rot überlaufene Blätter; silbrig-weiße Blütenstände im Sommer	Sonne/Halbschatten, feuchter/ normaler Boden; tote Stängel im Vorfrühling abschneiden
***Miscanthus sinensis* 'Zebrinus'** (Chinaschilf) **S**	1,20 × 1,00 m	Gras; hohe, aufrechte Stängel; Blätter golden gestreift	Sonne/Halbschatten, feuchter/normaler/trockener Boden; im Spätwinter oder Vorfrühling zurückschneiden
Phyllostachys nigra (Bambus) **I**	3–5 × 2–3 m	Bambus; glänzende schwarze Stängel; markante Form	Sonne/Halbschatten, feuchter/ normaler Boden

	Höhe / Breite	Eigenschaften	Pflege
Polypodium vulgare (Gemeiner Tüpfelfarn) **I**	30 × 30 cm	Farn; ledrige, eingeschnittene Wedel; bildet Polster	Sonne/Halbschatten/Schatten, normaler/trockener Boden
Sempervivum **Arten und Sorten** (Hauswurz) **I S**	8 × 30 cm	Rosette aus fleischigen Blättern; fleischige Blüten im Sommer	Sonne, normaler/trockener Boden; wächst auch in armen Böden
Tiarella cordifolia (Schaumblüte) **S**	15–30 × 30 cm	Polster hübscher Blätter, bronzerotes Herbstlaub; fedrige cremeweiße Blütenstände im Sommer	Halbschatten/Schatten, feuchter/ normaler Boden
Tolmiea menziesii (Lebendblatt) **S**	30–60 × 100 cm	Polster aus frischen, limonengrünen Blättern; grün-purpurne Blütenstände im Sommer	Halbschatten/Schatten, feuchter/ normaler Boden

Zwiebel- und Knollenpflanzen

Z = Zwiebeln **K** = Knollen **S** = Stauden

	Höhe / Breite	Eigenschaften	Pflege
Allium sphaerocephalon (Zierlauch) **Z**	75 × 8 cm	Kugeliger, purpurroter Blütenstand im Sommer; wächst zwischen anderen Stauden empor	Sonne, normaler/trockener Boden
Anemone blanda (Strahlenanemone) **K S**	15 × 15 cm	Blaue, rosa oder weiße sternförmige Blüten im Frühling; hübsche farnartige Blätter; bildet Polster	Sonne/Halbschatten, normaler Boden
Crocosmia **Arten und Sorten** (Montbretie) **K S**	60–120 × 30–60 cm	Große Polster aus schwertförmigen Blättern; Blütenstände mit gelben oder orangen Röhrenblüten im Sommer	Sonne/Halbschatten, feuchter/ normaler Boden
Crocus **Arten und Sorten** (Krokus) **Z**	15 × 5 cm	Offene glockenförmige Blüten im Frühling oder Herbst	Sonne/Halbschatten, normaler/ trockener Boden; lassen Sie die Blätter natürlich absterben
Cyclamen hederifolium (Alpenveilchen) **S K**	10 × 15 cm	Herzförmige Blätter mit silbernen Mustern; zartrosa Blüten von Winter bis Frühling	Halbschatten/Schatten, normaler/ trockener Boden
Galanthus nivalis (Schneeglöckchen) **Z**	10 × 5 cm	Nickende weiße Blüten im Spätwinter	Halbschatten/Schatten, feuchter/ normaler Boden
Muscari armeniacum (Träubelhyazinthe) **Z**	20 × 15 cm	Blütenstände aus kräftig blauen Blüten im Frühling	Sonne, normaler Boden; im Sommer ausgraben und teilen
Narcissus **Arten und Sorten** (Osterglocken) **Z**	30–60 × 10 cm	Gelbe oder weiße Blüten im Frühling; große Auswahl	Sonne/Halbschatten, normaler/ trockener Boden; lassen Sie die Blätter von selbst absterben
Tulipa **Arten und Sorten** (Tulpen) **Z**	15–60 × 8 cm	Schöne Blüten im Frühling, viele Farben; oft markante Formen	Sonne/Halbschatten, normaler Boden; Arten und die meisten Sorten von *T. greigii* und *T. kaufmanniana* dürfen im Boden bleiben, andere ausgraben

Organisationsplan

In den folgenden Tabellen finden Sie alle Arbeiten, die in einem pflegeleichten Garten wöchentlich ausgeführt werden müssen. Dieser handliche Plan zeigt Ihnen, was Sie wann tun müssen, damit Sie die Übersicht nicht verlieren, im Zeitplan bleiben und spätere Schwierigkeiten vermeiden. Voraussetzung für diesen Organisationsplan ist allerdings, dass Ihr Garten pflegeleicht angelegt wurde. Sollten Sie den Garten verändern, fallen zwangsläufig andere Arbeiten an wie Pflaster legen, neue Rasenflächen anlegen oder Folien ausbreiten. Wenn manche Tabellen den Eindruck vermitteln, die Wochenarbeit würde eine Stunde übersteigen, liegt dies daran, dass kein Garten alle der hier behandelten Bereiche enthält und daher stets nur einige der Arbeiten anfallen.

Frühling

	Oberflächen & Begrenzungen	Rasen	Bestandteile
Frühlingsanfang			
		mähen ◑ (wenn trocken)	
Frühlingsmitte		mähen, düngen ◑	
		mähen ◑	
		mähen ◑	
Frühlingsende		mähen ◑	
		mähen ◑	Teichpflanzen teilen ◔
		mähen ◑	
		mähen ◑	Fütterung der Fische beginnen ◔

◔ = 15 Minuten ◑ = 30 Minuten ◕ = 45 Minuten

Bepflanzen	Kübel	Nicht vergessen!	Woche
tote Blätter abschneiden ◔			1
		neue Sträucher und Stauden kaufen ◑	2
nackten Boden mulchen ◑			3
im Spätsommer blühende Sträucher auslichten ◑			4
Sträucher nach der Blüte auslichten ◑			1
Zwiebeln für den Sommer pflanzen ◔			2
Langzeitdünger ausstreuen ◔			3
Sträucher nach der Blüte auslichten; erste Gemüse pflanzen ◔			4
Stauden teilen; Einjährige aussäen ◑			5
Sträucher nach der Blüte auslichten ◔		Gartenmöbel aus dem Winterlager holen ◔	1
Beete und Rabatten jäten ◔			2
gießen ◔	Sommerblumen einsetzen, gießen ◔		3
Sträucher nach der Blüte auslichten ◔		Grill überprüfen ◔	4

Sommer

	Oberflächen & Begrenzungen	Rasen	Bestandteile
Sommeranfang	Kies und Rindenmulch glatt rechen ◑	mähen ◑	Teichwasser nachfüllen ◔
	Fugen des Pflasters jäten ◑	mähen ◑	
	Kies und Rindenmulch ergänzen ◔	mähen ◑	
		mähen ◑	
Sommermitte	Kies rechen und einjährige Unkräuter jäten ◑	mähen ◑	Teichwasser nachfüllen ◔
		mähen ◑	Wasserpflanzen ausdünnen ◑
		mähen ◑	
		mähen ◑	
	Hecken schneiden ◑	mähen ◑	
Sommerende	Kies rechen, unter den Hecken jäten ◑	mähen ◑	Teichwasser nachfüllen ◔
		mähen ◑	
		mähen ◑	
		mähen ◑	

◔ = 15 Minuten ◑ = 30 Minuten ◕ = 45 Minuten

Bepflanzen	Kübel	Nicht vergessen!	Woche
gießen ◔	gießen ◔		1
gießen und düngen ◔	gießen und düngen ◔		2
gießen, zweite Gemüseernte säen ◑	gießen ◔		3
im Frühling blühende Sträucher auslichten, gießen und düngen ◑	gießen und düngen ◔		4
gießen, Verblühtes entfernen ◔	gießen, Verblühtes entfernen ◔		1
gießen, düngen und jäten ◔	gießen und düngen ◔		2
gießen ◔	gießen ◔		3
gießen und düngen ◔	gießen und düngen ◔		4
immergrüne Sträucher schneiden ◑	gießen ◔		5
gießen, düngen, Verblühtes entfernen ◔	gießen, Verblühtes entfernen ◔		1
gießen und düngen ◔	gießen ◔		2
gießen, Verblühtes entfernen ◔	gießen, Verblühtes entfernen ◔		3
gießen und jäten ◔	gießen ◔	Sträucher für die Herbstpflanzung aussuchen ◑	4

Herbst

	Oberflächen & Begrenzungen	Rasen	Bestandteile
Herbstanfang		mähen ◑	
		mähen ◑	
		mähen ◑	
		mähen ◑	
Herbstmitte		mähen ◑	Fische zum letzten Mal füttern ◔
	Falllaub aufrechen ◔		
		mähen ◑	Laub aus dem Teich entfernen ◔
Herbstende		mähen ◑	
	Falllaub aufrechen ◔		Laub aus dem Teich entfernen ◔
		Falllaub aufrechen ◑	

◔ = 15 Minuten ◑ = 30 Minuten ◕ = 45 Minuten

Bepflanzen	Kübel	Nicht vergessen!	Woche
	gießen ◔		1
Zwiebeln für den Frühling pflanzen ◑	Zwiebeln für den Frühling pflanzen ◑		2
Sträucher und Bäume kaufen und pflanzen ◑			3
gießen ◔	gießen ◔		4
			1
			2
			3
jäten ◑			4
Sommerblumen gegen Winterblumen austauschen ◔			5
		Gartenmöbel säubern und wegpacken ◔	1
Falllaub aufrechen ◔			2
Stauden zurückschneiden ◔ (oder bis zum Frühling warten)			3
	Tulpenzwiebeln pflanzen ◑		4

Winter

	Oberflächen & Begrenzungen	Rasen	Bestandteile
Winteranfang	Falllaub aufrechen ◔	mähen (falls trocken) ◑	Teichpumpe warten lassen ◔
Wintermitte	Zäune und andere Bauteile reparieren ◑	Rasenmäher warten lassen ◑	Eisdecke auf dem Teich zerstören ◔
Winterende	Kies und Rindenmulch glatt rechen ◔ Algen und Flechten von Wegen und Pflaster entfernen ◑		

◔ = 15 Minuten ◑ = 30 Minuten ◕ = 45 Minuten

Bepflanzen	Kübel	Nicht vergessen!	Woche
			1
Ilex als Dekoration für die Wohnung schneiden ◑			2
			3
			4
		im Winter interessante Pflanzen kaufen und pflanzen ◑	1
			2
neue Bäume und Sträucher pflanzen ◑			3
		Samen für Einjährige ◔ aus dem Katalog aussuchen	4
			5
im Winter blühende Sträucher auslichten ◔			1
			2
tote Blätter und Stängel abschneiden ◔			3
im Winter blühende Sträucher auslichten ◔			4

Register

Halbfette Seitenzahlen weisen auf Abbildungen hin.

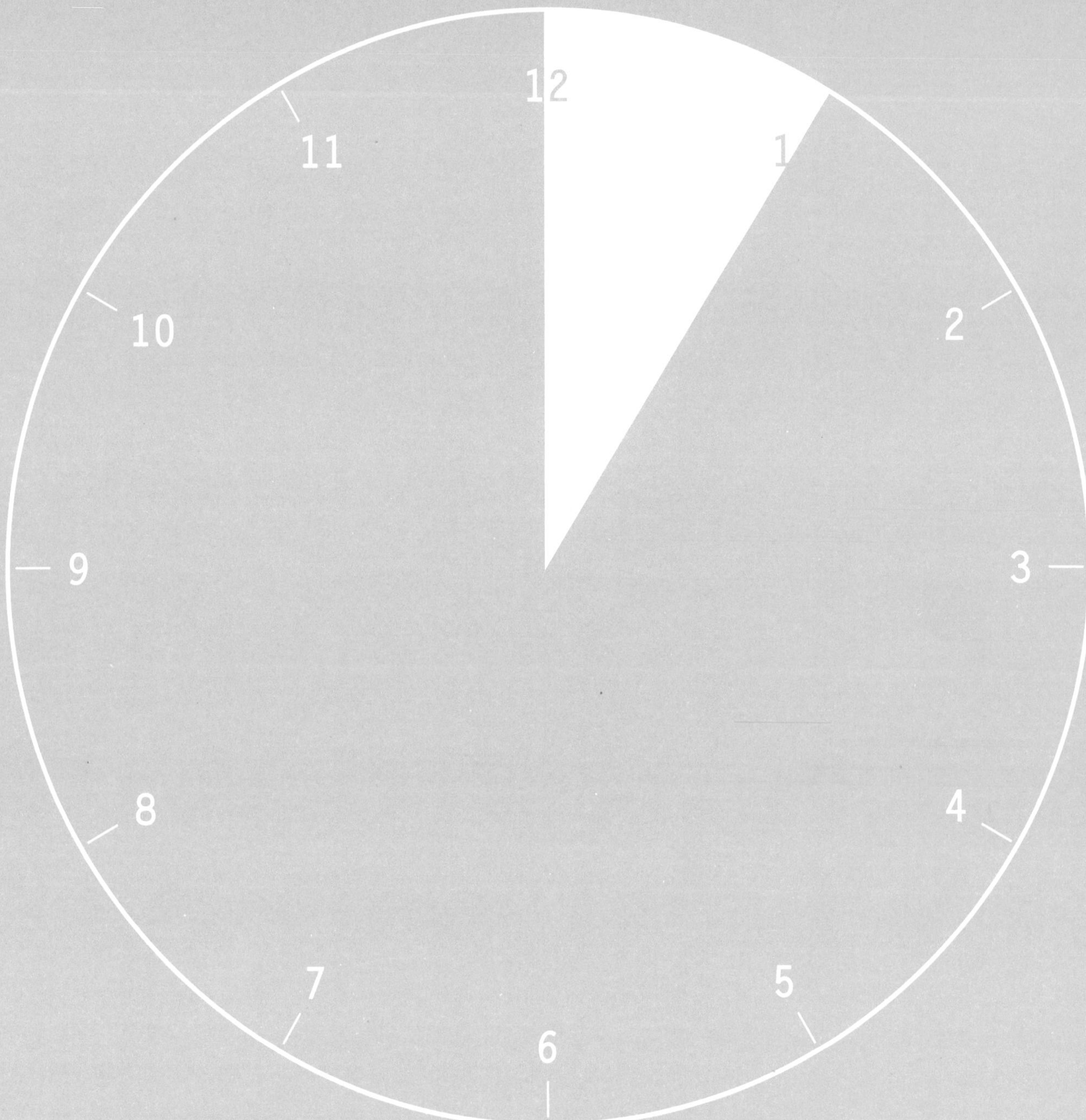
12
1
2
3
4
5
6
7
8
9
10
11